HEYNE
BÜCHER

Vom gleichen Autor erschien außerdem
als Heyne-Taschenbuch

Echte Männer mögen kein Müsli · Band 01/6290

REMY EYSSEN

Der Film
DIE UNENDLICHE GESCHICHTE

Story – Dreharbeiten – Hintergrundbericht

Fotos von Karin Rocholl
und Karl Heinz Vogelmann

Originalausgabe

WILHELM HEYNE VERLAG
MÜNCHEN

HEYNE-BUCH Nr. 01/6275
im Wilhelm Heyne Verlag, München

Printed in Germany 1984
Umschlagillustration: Ul De Rico

Umschlaggestaltung: Atelier Ingrid Schütz, München
Gesamtherstellung: Ebner Ulm

ISBN 3-453-02001-4

Inhalt

Die Story

Bis heute haben mehr als 1,2 Millionen Menschen Michael Endes Roman *Die unendliche Geschichte* gekauft. Da das Drehbuch des Films jedoch in etlichen Punkten von der literarischen Vorlage abweicht, hier eine kurze Inhaltsangabe der Film-Story. Damit wird es auch leichter, die einzelnen Abschnitte der Dreharbeiten in den Ablauf der Geschichte einzuordnen.

Bastian lebt in einer amerikanischen Kleinstadt. Er ist ein stilles Kind. Ein Bub mit Phantasie und Träumen.

Seine Mutter ist erst kürzlich gestorben. Jetzt ist er allein mit seinem Vater.

Morgens treffen sich Vater und Sohn am Frühstückstisch. Es sind die einzigen Minuten des Tages, an denen die beiden miteinander reden könnten. Doch der Vater hat kein Verständnis für die Wünsche und Sorgen seines sensiblen Buben. Er fragt nur nach Schulleistungen, und da sieht es bei dem Kind nicht rosig aus.

Wie jeden Tag läuft Bastian in die Schule und wie jeden Tag wird er von drei älteren Jungen erwartet, die ihn verhauen wollen. Doch diesmal ergreift Bastian die Flucht und landet im Buchladen von Koreander – eine skurrile kleine Welt, geheimnisvoll, so ganz das Gegenteil der ungemütlichen Stadt vor der Ladentür.

In dem Geschäft sieht Bastian ein Buch: *Die unendliche Geschichte*. Er spürt, daß etwas Magisches von diesem dicken, roten Band ausgeht und nimmt ihn heimlich mit.

Statt in sein Klassenzimmer zu gehen, versteckt sich der Bub mit seinem Schatz auf dem Dachboden der Schule und beginnt zu lesen.

In dem Moment, da Bastian das Buch aufschlägt, führt er uns in eine phantastische, unbekannte Welt – Phantásien. Doch das Traumland steht vor dem Untergang.

In einem düsteren Wald haben sich vier eigenartige Bewohner Phantásiens getroffen: Der riesige Felsenbeißer, der Nachtalb mit seiner Fledermaus und der Winzling, der auf einer Rennschnecke unterwegs ist. Sie haben eine gemeinsame Sorge: Das unaufhaltsame Nichts zerstört ihre Welt.

Zusammen reisen sie ins Zentrum ihres Wunderlandes, zum Elfenbeinturm. Dieser Turm ist mehr als nur ein Märchenschloß. Er ist das Herz Phantásiens. Eine kilometerhohe Konstruktion, die wie eine Blume aus dem Inneren eines Felsmassivs wächst. Ganz oben in der Spitze befindet sich der Palast der Kindlichen Kaiserin. Hier haben sich die Bewohner Phantásiens versammelt, um auf den Mann zu warten, der sie retten kann.

Aber es kommt kein Ritter, sondern ein Kind – Atréju. Ausgerüstet mit dem magischen AURYN, dem Symbol für Macht und Stärke, tritt der Bub den Kampf gegen den unbekannten Feind an.

Es wird eine abenteuerliche Reise durch Schnee und Wüsten, die Atréju schließlich mit seinem Schimmel Artax in die Sümpfe der Traurigkeit führt.

Atréju weiß nicht, daß er verfolgt wird. Der Werwolf Gmork ist auf seiner Spur. Die Inkarnation des Bösen, der den Buben bei seiner Rettungsaktion stoppen will.

In den Sümpfen verliert Atréju seinen treuen Begleiter Artax und findet die Uralte Morla, die weise Riesenschildkröte, die den Buben zum Südlichen Orakel schickt, doch dahin ist es ein langer Weg.

Die Schulglocke läutet, aber Bastian bleibt in seinem einsamen Versteck auf dem Dachboden. Die Geschichte zieht ihn immer stärker in ihren Bann. Er spürt, wie er langsam selber Teil des phantastischen Abenteuers wird.

Als Atréju in den Sümpfen zu ertrinken droht, rettet ihn Fuchur der Glücksdrache im letzten Moment vor den Zähnen von Gmork. Das freundliche Riesentier bringt Atréju zu den nächsten Stationen seiner Odyssee, zu den liebevollen Zwergen Urgl und Engiwok, zum Tor der

Sphinxen, die jeden, der an sich selber zweifelt, mit ihren Blicken töten – und schließlich zum magischen Spiegel.

Die Glasscheibe im Schneesturm ist das Verbindungstor zwischen der realen Welt und der Welt der Phantasie. Hier sehen sich Bastian und Atréju zum erstenmal für einen flüchtigen Augenblick, und der kleine Bub auf dem Dachboden erkennt, daß ihn die Magie des Buches immer stärker einfängt.

Doch erst das Südliche Orakel verrät Atréju, wo die Rettung zu erwarten ist: Nur ein Menschenkind kann Phantásien vor dem Untergang bewahren, aber das lebt außerhalb der Traumwelt.

Auf dem Glücksdrachen Fuchur erlebt Atréju einen unglaublichen Ritt zu den Grenzen Phantásiens. Da macht ein Orkan dem Trip ein jähes Ende: Vom Rücken Fuchurs stürzt der Bub ins Meer.

An einem einsamen Strand kommt er wieder zu sich und findet eine zerfallene Stadt. Etwas Unheimliches lastet über den Ruinen. Zwischen den zerfallenen Mauern findet Atréju uralte Bilder, die die Stationen seiner Reise zeigen. Und er findet Gmork.

Das böse Ungeheuer sagt ihm, warum die Welt zerbricht: »Weil die Menschen aufgehört haben, an ihre Träume zu glauben. Denn Phantásien hat keine Grenzen. Es existiert nur in der menschlichen Phantasie.«

Als Atréju sich der Bestie zu erkennen gibt, kommt es zum Kampf auf Leben und Tod. Der Bub siegt, doch das Nichts hat auch schon die Ruinenstadt erreicht. Die Mauern und Sträucher versinken in einem Chaos aus Sturm und Staub.

Im letzten Moment kommt Fuchur und rettet noch einmal seinen kleinen Freund. Von Phantásien ist nichts geblieben. Nur das Herz des Traumlandes, der Elfenbeinturm, treibt auf einem Fetzen Land durch das All. Aber das Nichts hat auch schon nach dem Innersten der Phantasiewelt gegriffen.

Im Thronsaal des zusammenbrechenden Turmes begegnet Atréju zum erstenmal der Kindlichen Kaiserin. Durch sie erfährt er, daß seine Mission erfolgreich war, denn er hat ein Menschenkind mitgebracht. Doch jetzt muß sich das Kind dafür entscheiden, Phantásien zu retten. Es muß die Schwelle ins Reich der Phantasie endgültig überschreiten.

Fassungslos sitzt Bastian in seinem Versteck, während die letzte Zuflucht des Traumlandes untergeht. Er kämpft gegen seine Vernunft. Doch schließlich wagt er den Schritt in die andere Welt.

Nur ein Sandkorn ist der Kindlichen Kaiserin von ihrem Reich geblieben. Doch für Bastian ist es genug. Er bringt das mit, was Phantásien gefehlt hat: Träume und Phantasie. Genug, um aus diesem Sandkorn eine neue phantastische Welt zu schaffen.

Das Projekt

»Vielleicht haltet ihr mich für verrückt, aber ich werde *Die unendliche Geschichte* verfilmen.« Bernd Eichinger hatte die Sensation ganz nebenbei in seiner coolen Art bekanntgegeben. Das war im Februar 1982 auf einer kleinen Geburtstagsparty in München, am kalten Büffet irgendwo zwischen Salatplatte und Roastbeef.

Nur wenige Gäste hatten damals den Roman von Michael Ende gelesen. Man wußte über das Buch kaum mehr, als daß es eigentlich für Kinder geschrieben und sozusagen über Nacht in die Bestseller-Listen gerutscht war. Die Marktbeobachter hatten einfach monatelang übersehen, daß sich das Kinderbuch auch an die Erwachsenen wie toll verkaufte.

»Das wird das größte Ding, das wir jemals produziert haben«, begeisterte sich der Chef der *Neuen Constantin* an diesem Abend. Und dann war er nicht mehr zu bremsen. Er redete die ganze Nacht von *Traveling Matte*, von *Blue-Screen* und Computern.

Es war wirklich verwirrend, und ich habe damals nur zwei Dinge begriffen: Daß Bernd Eichinger regelrecht besessen von seinem Plan war und daß die ganze Sache verdammt teuer würde.

Der erfolgreiche Filmer war zwar gewohnt, mit großen Zahlen zu jonglieren – schließlich hatte er sogar geholfen den Film *Das Boot* um die tückischsten Finanzierungsklippen zu steuern – doch damals ging es »nur« um 20 Millionen, und Eichinger war als Verleiher, nicht als Produzent beteiligt. Das neue Projekt sollte noch eine Nummer größer werden.

Wie groß, darüber wurde zwar noch nicht offen gesprochen. Aber es war von Anfang an klar, daß unter 25 Millionen kaum was zu machen war.

Aber selbst wenn der 32jährige Produzent geahnt hätte,

daß der Film zuletzt weit mehr als das Doppelte kosten würde, fallengelassen aber hätte er das Projekt auf keinen Fall. Wenn Eichinger an eine Sache glaubte, dann wurde sie auch durchgezogen – selbst wenn es die teuerste Filmproduktion war, die jemals in Deutschland über die Bühne ging.

An diesem Abend hatte Bernd Eichinger aber noch einen Knüller parat: Regie bei dem gewaltigen Projekt sollte Helmut Dietl führen.

Diese Ankündigung verschlug einigen der Anwesenden die Sprache. Dietl hatte sich zwar als sensibler Regisseur einen Namen gemacht, wie kaum ein anderer in Deutschland konnte er kleine, witzige Geschichten inszenieren und seine Fernsehserien hatten rauschende Erfolge gefeiert, aber das hier war schließlich etwas anderes. Hier sollte keine TV-Serie über 45 Minuten und für 700000 Mark gedreht, sondern ein filmtechnisches Super-Werk in Szene gesetzt werden.

»Es ist zuletzt ein Film wie andere auch«, erklärte Dietl ein paar Tage später, als ich ihn in seinem Café auf der Münchener Leopoldstraße traf, »nur daß hier eine falsche Entscheidung nicht 500 Mark kostet, sondern 500000 Mark.« Das klang ziemlich forsch und unerschrocken, doch Dietl sollte schon ziemlich bald merken, daß er den Job unterschätzt hatte.

Planung

Eines war von vornherein klar: Egal wie teuer die Produktion auch würde, in Deutschland allein könnte sie niemals ihr Geld einspielen.

Rund 3600 Kinos gibt es zwischen Flensburg und Garmisch. Doch obwohl die Bundesrepublik das zweitgrößte Kinoland der Welt ist, der Abstand zu dem Spitzenreiter USA mit über 15000 Kinos ist gewaltig. Kein Wunder, daß hierzulande schon Besucherzahlen von zwei Millionen ein Erfolg sind. Mehr als fünf Millionen sind eine Sensation. *James-Bond*-Filme sind solche Kassenhits oder Familienfilme wie *Bernhard und Bianca, die Mäusepolizei.*

Kassiert wird meist von ausländischen Produzenten. Bei bundesdeutschen Produktionen sind die Erfolge schon spärlicher gesät. Wirkliche Kassenhits der letzten Jahre waren unter anderen die *Constantin*-Filme *Das Boot* und *Christiane F. – Wir Kinder vom Bahnhof Zoo.*

Für die *Neue Constantin* war bei der Ende-Verfilmung die Marschrichtung klar: Ein Film dieser Größenordnung mußte auf dem einzigen Markt der Welt, der wirklich Geld bringt, ein Erfolg werden, in den USA!

Ein kühnes Ziel, denn bis heute ist noch kein einziger ausländischer Film in Amerika ein wirklicher Kassen-Schlager geworden.

Natürlich haben so erfolgreiche Filme wie Z von Costa Garvas auch in den USA ihre Kosten wieder einspielen können, doch Knüllern wie *E. T.* oder *Krieg der Sterne* hat keiner das Wasser reichen können.

Die Rechnung war nicht besonders ermutigend: Selbst wenn man die Einspielergebnisse der erfolgreichsten ausländischen Filme zusammenrechnete, würden mit den Dollars noch nicht einmal die Vorkosten der *Unendlichen Geschichte* gedeckt werden können.

Produzent Bernd Eichinger und Regisseur Wolfgang Petersen

Trotzdem war Bernd Eichinger entschlossen, die Sache anzugehen. »Ich habe ein klares Ziel vor Augen«, sagte der Produzent eines Abends in seinem Münchener Lieblingsrestaurant, »aus den USA und Kanada müssen 40 Prozent der finanziellen Auswertung zurückkommen. Sonst läuft bei einem Film dieser Größenordnung nichts.«

Für die Bundesrepublik waren die Wunschvorstellungen des Jung-Unternehmers, der auch zu Verhandlungen um Millionen-Kredite in Jeans und Turnschuhen erscheint, ebenfalls hoch: »Drei Millionen Zuschauer müßten es mindestens sein. Wenn wir das nicht packen, dann hätte ich mich sehr getäuscht.«

Eichinger war klar, daß dieses Projekt ein Höchstmaß an präziser Vorbereitung erforderte, wenn er nicht schnell in finanzielle Schwierigkeiten geraten wollte: »Wenn man sich auf einen solchen Film einläßt, dann muß man unheimlich finanzstark sein. Man muß ja mit den Vorbereitungen anfangen, bevor Geld von außen da ist.«

Doch der »Macher« war optimistisch. Schließlich hatten ihm mehr als 15 erfolgreiche Filme hintereinander in den letzten Jahren Selbstvertrauen und das nötige Geldpolster gegeben, um Deutschlands größtes Filmspektakel in Angriff zu nehmen.

Allerdings wurde dieses Polster während der Vorbereitungen mit jedem Tag dünner. Und irgendwann würde der Punkt erreicht sein, an dem auch die *Neue Constantin* die Segel streichen müßte – wenn bis dahin das Projekt auf dem Weltmarkt nicht auf Interesse gestoßen wäre.

»Ich würde keinen Film anfangen, bei dem ich nicht 30 Prozent des Budgets selber aufbringen kann – falls es mal hart auf hart geht«, sagte Eichinger, und ich hatte den Eindruck, als würde es diesmal nicht so einfach sein, diesen finanziellen Hochseilakt, der die Produktion erst möglich machte, heil zu überstehen.

Als deutscher Produzent kann man versuchen, an öffentliche Mittel heranzukommen, was in der letzten Zeit allerdings immer schwieriger wird, oder aber man wendet sich an die finanzstarken Fernsehsender. Die öffentlich-rechtlichen Anstalten sind bei Filmemachern zwar als Kino-Killer verpönt, aber als Finanziers oder Co-Produzenten geradezu zärtlich umworben.

Weitaus schwieriger ist es dagegen, die Gelder auf dem freien Markt zusammenzukratzen. Vor allem, wenn das Budget des Films mit den Träumen des Produzenten in Höhen hinaufschießt, wo den spendablen Herren vom Fernsehen sowieso Hören und Sehen vergeht.

»Für die paar Millionen, die von einem Sender vielleicht kommen, will er den Film aber auch gleich mehrfach ausstrahlen. Wenn wir dann später ein zweites Mal in die Kinos wollen, kommt kein Zuschauer mehr«, sagte sich Eichinger und machte etwas, das in der Filmbranche für erhebliches Aufsehen sorgte: Er nahm alles, was seine

Firma neben ihren laufenden Geschäften entbehren konnte und ließ Europas größte Filmproduktion des Jahres anlaufen. Erst dann machte er sich auf den beschwerlichen Weg, weltweit die Finanzierung zu sichern, die es ihm ermöglichen sollte, sich seine Vision von der *Unendlichen Geschichte* zu erfüllen. Ein Traum, der noch einmal zu einem Alptraum werden sollte.

Das Lösungswort hieß: USA. Doch der Kampf um die Film-Dollars wird im Land der unbegrenzten Möglichkeiten ebenso erbittert geführt. Dort gibt es jede Menge Leute mit guten Ideen im Kopf und keinem Cent in der Tasche. *Star-Wars*-Regisseur George Lucas war fast sechs Jahre auf der Jagd nach dem geeigneten Produzenten,

Produzent Bernd Eichinger und Trickspezialist Brian Johnson

bevor er den erfolgreichsten Film aller Zeiten drehen konnte.

Als Eichinger an die Türen der amerikanischen Verleih-Bosse klopfte, hatte er zunächst nur ein Drehbuch von 150 Seiten, einen kühnen Plan und den Willen, eine phantastische Story zu verfilmen.

Immerhin war Eichinger in den Hollywood-Studios kein Unbekannter. Er hatte sich schon oft an US-Produktionen beteiligt, bei denen die Amerikaner mit ihren Drehbüchern zu ihm gekommen waren. Und dabei hatte er sich mit seiner guten Nase für die richtigen Stoffe einen Namen gemacht. Denn fast alles, in das der »young Producer from Munic« sein Geld gesteckt hatte, war an den Kinokassen zum Hit geworden.

Diesmal aber zögerten die Geldgeber aus den USA. Schließlich waren 50 Millionen sogar für die Bosse aus Amerika ein ungewöhnlich großer Brocken. Ein höchst kompliziertes Gewebe aus Verträgen, Zusagen, Versicherungen und Geldgarantien der Banken mußte geknüpft werden, bevor die Zusage eines ausländischen Verleihers als finanzielle Deckung einen Wert bekam. Die Verhandlungen zogen sich in die Länge, während in der *Bavaria* die Vorbereitungen weiterliefen.

Das Buch

Es ist verdammt schwer geworden heute noch an einen erstklassigen Filmstoff heranzukommen. Der Grund ist einfach: Die Filmproduzenten strecken wie die Kraken ihre Arme nach allem aus, was nach gewinnträchtigem Drehbuch aussieht.

Autoren gibt es zwar wie Sand am Meer, aber wirklich gute Drehbücher sind so selten wie Wasser in der Wüste. Denn »gut« bedeutete schließlich für die Produzenten auch, daß der Film in der Lage war, seine Produktionskosten an den Kinokassen wieder einzuspielen.

Es entstehen zwar wunderschöne Filme in der Bundesrepublik, die in der ganzen Welt Beachtung finden, aber auf der künstlerischen Anerkennung allein läßt sich leider keine Filmindustrie aufbauen. Das ist die schmerzhafte Erfahrung, die Deutschlands Filmemacher in den letzten 15 Jahren machen mußten.

Verantwortlich für die Misere sind wohl auch die Wünsche des Publikums. Die Zuschauer von heute sind zwischen 12 und 18 Jahre alt und die Forderung, die die *Kids* stellen, läßt sich auf eine einfache Formel reduzieren: Action! Mal findet sie im Weltraum, mal bei der Jagd auf verlorene Schätze statt – Hauptsache, es ist was los auf der Leinwand. Wer heute 80 Prozent der zahlenden Zuschauer in seine Kinos locken will, darf nicht vergessen, wo er die Kunden zu suchen hat – in den Schulen, daheim vor den Videogeräten oder an den elektronischen Flippern, auf der Jagd nach Raumschiffen und Weltraummonstern.

Natürlich gibt es auch andere Filme, die ihr Geld einspielen. *Tootsie* etwa gehörte zu den erfolgreichsten Filmen des vergangenen Jahres. Und Dustin Hoffman lockt seine Fans sicher nicht nur hinter den Flipperautomaten hervor. Doch auf ein Drehbuch wie *Tootsie* müssen sogar die Amerikaner lange warten. Und dieser Film war einzigartig für 1983. Denn was sonst noch den Dollar rollen ließ hieß *Flashdance, War Games, Krieg der Sterne – Teil III,* oder *E. T.* Und diese Filme haben sicher einen Großteil ihrer Kasse rund um die Welt mit Taschengeld gemacht.

Kein Wunder, daß Bernd Eichinger hellwach wurde, als er eines Tages *Die unendliche Geschichte* las. Für den Arztsohn aus Niederbayern war die Story vom Abenteuer-Trip des kleinen Bastian durch die ungeheuerliche Welt Phantásiens, genau der Stoff, aus dem die Filme sind. Leider gibt es auf der Welt kaum noch einen guten Drehbuchstoff, auf dem nicht schon ein Agent oder irgendein anderer Produzent seinen Daumen hätte. Dabei gilt die eiserne Regel: Je prominenter der Autor, um so teurer die Verfilmungsrechte.

Bei amerikanischen Bestseller-Autoren ist zum Beispiel unter einer halben Million (Dollar) – gar nichts zu holen. Und auch mit dem nötigen Geld geht man oft leer aus, denn die Haie der Branche kennen die Manuskripte meist schon lange bevor die Bücher gedruckt auf dem Markt erscheinen.

Dagegen geht es in Deutschland etwas gemütlicher zu. Bei dem relativ geringen Angebot von neuen Stoffen lassen sich die Absprachen zwischen Verlag, Autor und Filmproduzent meist ohne provisionslüsternen Buchagenten klären.

Die unendliche Geschichte sah daher nach einem günstigen »Deal« aus. Schließlich war Michael Ende Kinderbuchautor; und als Eichinger den Roman in der Hand hielt, stand das Werk noch nicht einmal auf der Bestsellerliste. Doch der erfolgsverwöhnte Produzent hatte sich zu früh gefreut.

Ein anderer Branchenkenner hatte schon seine Fangarme um das schöne Werk geschlungen: Dieter Geissler hatte zwar weniger erfolgreiche Filme als Eichinger produziert, aber wenn einer weiß, mit welchem Stoff sich etwas verdienen läßt, dann der Ex-Schauspieler und heutige Boß der *Geissler-Produktion*. Im November saßen sich die beiden Produzenten in München in einem Büro der *Neuen Constantin* gegenüber: Der eine mit dem Geld und der andere mit den Rechten an dem Drehbuch. Und für mindestens einen endete das Treffen mit dem Geschäft seines Lebens. Dieter Geissler kassierte einen sechsstelligen Betrag dafür, daß er die Rechte weitergab. Das war ein Mehrfaches von dem, was der weitsichtige Produzent bis dahin in das Projekt investiert hatte. Dazu handelte sich Geissler auch noch eine Beteiligung am Einspielergebnis des Films aus. Der Witz an dem »Deal« um die Verfilmungsrechte war: Der Autor hatte von dem Geschäft keine Ahnung. Geissler hatte ihn von seinen Plänen nicht unterrichtet. Hätte Michael Ende von dem Buchpoker gewußt, wer weiß, vielleicht wäre das Geschäft nie zustande gekommen.

Die Jagd nach dem Drehbuch

Michael Ende kann es sich leisten, heute ein ruhiges Leben zu führen. Seine Geschichten schreibt er in einem gemütlichen Landhaus in Mittelitalien. Zwischen Hügeln und inmitten von Olivenbäumen, nur knapp 30 Minuten vor den Toren Roms, entstehen die Bücher, die in der Bundesrepublik für Verkaufsrekorde sorgen.

Allein *Die unendliche Geschichte* wurde inzwischen über eine Million mal verkauft. Auch seine anderen Bücher wie *Momo* oder *Jim Knopf, der Lokomotivführer*, sind inzwischen in den Buchhandlungen rund um die Welt zu Dauerbrennern geworden. Da war es nur eine Frage der Zeit, daß eine Branche auf den Autor aufmerksam wurde, die schon von Berufs wegen auf der ständigen Suche nach guten Erzählungen ist.

Doch heute will Ende mit diesen »Film-Burschen« nichts mehr zu tun haben. Das war nicht immer so. Es gab eine Zeit, da war der Autor durchaus interessiert, seine Stoffe auf der Leinwand zu sehen.

Angebote gab es genug: Einige internationale Produktonsfirmen waren an der *Unendlichen Geschichte* interessiert. Sogar die amerikanische *Walt Disney Production* wollte den märchenhaften Stoff »made in Germany«. Aber der Schriftsteller, immer unterstützt von Frau Ingeborg, zögerte lange.

Eines Tages gab der grauhaarige Mann in dem einsamen italienischen Landhaus doch nach. Das war der Tag, an dem Dieter Geissler ihn besuchte. »Damals im Sommer '81«, erinnerte sich Ende, als ich ihn zwei Jahre später in seinem italienischen Haus traf, »da saßen wir auch hier auf der Terrasse.« Dieter Geissler hatte noch zwei Begleiter mitgebracht. Einer davon war Dr. Schneider. »Das war ein Mann, der die Story verstanden hatte«, sagt Ende heute, und dieser Mann war es auch, der den Autor von der Verfilmungsidee überzeugte.

»Wir waren uns einig, daß es für diesen Stoff eine tödliche Gefahr gibt, nämlich den ›technischen Materialismus‹«, sagte Ende, »daß man versuchen würde, die ganze Magie des Buches in einem unheimlichen Aufwand in ein ›*Star-Wars*‹-Muster zu pressen. Und das mußte vermieden werden.« Ich war verblüfft. Schließlich hatte Ende sich intensiv mit Kino beschäftigt und sogar schon als Filmkritiker gearbeitet. Doch mit dieser Entscheidung, so behauptet der Autor heute, hat für ihn auch schon der ganze Ärger begonnen.

»Alle sprachen von einer neuen Filmsprache, die entwickelt werden sollte«, sagte Ende, der heute schnell einen zornigen Unterton in die Stimme bekommt, wenn er über die Filmbranche spricht, »aber wenn es erst mal um große Summen geht, kommen völlig andere Gesichtspunkte zum Tragen, die mit künstlerischen Fragen oft nichts mehr zu tun haben.«

Aber Ende wußte doch, daß es eine teure, große Produktion würde?

»Ich erinnere mich, daß damals so von vier bis fünf Millionen die Rede war, und ich hatte ein komisches Gefühl«, sagte Ende und blätterte in seinen Unterlagen, die er über dieses düstere Kapitel seiner Karriere in einem braunen Lederköfferchen aufbewahrt.

Die Produzenten erinnern sich an einen ganz anderen Michael Ende. Da war der Autor Feuer und Flamme für das Projekt. Und es war ihm besonders wichtig, daß die Verfilmung seines Romans auch mit dem nötigen Produktionsetat abgesichert war. Das liegt allerdings schon zwei Jahre zurück, und der Ärger läßt so manche Erinnerung in einem anderen Licht erscheinen. Aber vielleicht weiß er auch wirklich nicht mehr, daß damals schon von zehn bis zwanzig Millionen die Rede war. Auf jeden Fall unterschrieb er den Vertrag. Nur der Mann, der ihn von dem Projekt überzeugte, war eines

Tages nicht mehr mit von der Partie: Schneider wurde ausgezahlt.

Jetzt hatte Geissler zwar ein tolles Buch, aber damit auch ein Problem in den Händen. Denn schließlich mußte der Film ja auch noch produziert werden.

Die Story von *Die unendliche Geschichte* war märchenhaft. Doch diese Story in ein Drehbuch von 90 Minuten umzusetzen war ein schwieriges Unternehmen, bei dem die Kosten explodieren konnten. Bei genauerer Betrachtung hätten die meisten Produzenten dieses Buch deshalb auch fallengelassen wie eine heiße Kartoffel.

Geissler setzte auf Video. In der Filmbranche ein Zauberwort, daß für »schneller, leichter, besser, trickreicher« und vor allem »viel billiger« steht. Doch tatsächlich kennen sich die meisten in der Branche nicht genau aus, und Video verliert bei genauerer Betrachtung viel von seinen angeblichen Vorzügen, vor allem was die Kosten angeht.

Zunächst suchte Geissler nach einem geeigneten Regisseur und fand Hans W. Geissendörfer. Um das Drehbuch in den Griff zu bekommen, wurde eine abenteuerliche Idee geboten. Keiner glaubte daran, daß sich die Schlüsselidee des Romans filmisch darstellen ließe. Die Idee nämlich, daß der Bub Bastian beim Lesen der Geschichte langsam selbst Teil dieser Geschichte wird, in dem Buch seine eigene Story wiederfindet, und Phantasie und Wirklichkeit sich miteinander vermischen.

Deshalb las Bastian in diesem Drehbuch keine Geschichte mehr, sondern versteckte sich zwischen den Filmdosen in einem vergammelten Vorstadtkino. Koreander, im Roman der alte Mann mit der Buchhandlung, wurde jetzt zum alten Vorführer, der das Kind mit unbekannten Celluloid-Streifen in die Filmwelt entführen sollte. Die Phantasiefiguren aus dem Roman wurden zu klassischen Filmfiguren: zu Monstern wie Dracula, Frankenstein oder dem Werwolf.

Ende hatte sich vertraglich vorbehalten, alle Drehbücher erst zu lesen und zu bewilligen, bevor gedreht werden durfte. Auch bei der Auswahl des Regisseurs hatte er ein Veto-Recht.

»Als er das Geissendörfer-Exposé las«, erinnert sich Geissler noch gut, »flippte er zum erstenmal aus. Er wurde stocksauer und weigerte sich überhaupt noch mit Geissendörfer zu sprechen. Damit war Geissendörfer als Regisseur ›out‹. Es war einfach kein Dialog mehr möglich.«

Der nächste, der sich über *Die unendliche Geschichte* hermachte, war Geissler-Freund Dr. Christian Schneider. Drei Monate saß der Autor in einem österreichischen Berghaus vor der Schreibmaschine und versuchte die Phantasie Endes für den Film zu bändigen. Weihnachten '81 stand Schneider entnervt im Büro Geissler und warf das Handtuch:

»Tut mir leid, aber das Ding ist nicht verfilmbar.«

Um die Figuren des Ende-Romans sichtbar zu machen, hatte Geissler aber noch jemand anderen engagiert: den Maler Ul De Rico.

Mit dem Künstler aus München entstand ein neuer Plan, um die *Unendliche Geschichte* verfilmbar zu machen. Ul De Rico sollte die Stationen der Reise von Bastian als Bilder malen. Mit einem Filmtrick sollte der Bub in diese phantastischen Bilder »einsteigen« und somit den Weg nach Phantásien finden. Ende war begeistert von der Idee. Zu diesem Zeitpunkt wollte sich einfach keiner der Beteiligten vorstellen, daß man die Story auch genauso verfilmen konnte, wie sie Ende ursprünglich geschrieben hatte: Ein kleiner Bub sitzt auf dem Speicher und liest ein Buch. Dabei merkt er, wie er plötzlich in eine andere Welt gerät.

Bernd Eichinger und seine Crew zeigten später wie einfach das war: Ein Blick auf den Buchtext, ein kurzer Schnitt, und schon findet sich der Zuschauer im Haulewald, mitten in Phantásien wieder.

Doch bis dahin verbrachte Geissler noch einige Zeit

mit Experimentieren. Bald wurde dem Produzenten klar, worauf die Produktion hinauslief. Die neuen Videoanlagen, die sich Geissler in Amerika angesehen hatte, waren noch nicht serienreif. Und der Sender Radio Luxemburg, der als möglicher Co-Produzent im Gespräch war, hatte ausgerechnet, was allein der geplante Videopilotfilm von fünf Minuten Länge kosten sollte: rund zwei Millionen Mark.

Auf diese Weise war Dieter Geissler bereits im Herbst '81 mit seinem Traumobjekt in einer Sackgasse gelandet. »Ich hatte weder ein Drehbuch noch einen Regisseur«, sagt Geissler, »dafür hatte ich aber schon mindestens 250000 Mark in das Unternehmen gesteckt.« Alles was dem Film-Mann in diesem Moment noch blieb, waren die Rechte an dem Roman und die Gewißheit, daß er allein keinen Film daraus machen könnte.

Da packte er seinen ganzen Kram zusammen und ging zu einem, für den Fantasy-Stoffe geradezu eine Sucht waren, und der sich deshalb nichts sehnlicher wünschte, als die Filmrechte an der *Unendlichen Geschichte*, zu Bernd Eichinger von der *Neuen Constantin.*

Der neue Produzent wußte allerdings nicht, daß der Autor keine Ahnung hatte, von wem die Filmrechte da inzwischen gekauft worden waren.

Ein Autor wird sauer

Die Nachricht vom »Deal« um die Verfilmungsrechte erreichte Ende in seiner italienischen Idylle. Er war gerade beim Frühstück, als er telefonisch die Nachricht erhielt, wer die neuen Partner in diesem Projekt waren. Er wurde sauer.

»Ich war außer mir«, Ende ärgert sich noch heute, wenn er an das vermasselte Frühstück von damals denkt, »ich hatte ja keine Ahnung. Niemand hatte uns gefragt, ob wir mit dem neuen Verleih einverstanden wären.«

Wütend flog Ende nach Stuttgart, mobilisierte seinen Freund und Verleger Hansjörg Weitbrecht und den Anwalt des Thienemanns-Verlags. »Wenn die *Neue Constantin* den Film macht«, will Ende damals erklärt haben, »dann wird das ein Science-Fiction-Reißer im üblichen amerikanischen Klischee.« Noch am gleichen Tag reisten die drei Herren nach München, um klarzumachen, daß die Sache so nicht laufen könne, und damit begann ein Rechtsstreit, der sich bis zum Ende der Produktion hinziehen sollte.

Doch dieser erste Nachmittag endete in völliger Harmonie. Geissler mußte den Autor und dessen Verleger unterwegs von den neuen Partnern überzeugt haben. Denn bei der *Neuen Constantin* erinnert man sich an einen interessierten und liebenswürdigen Autor, der da aus Stuttgart angereist kam. Von Krach war keine Rede.

»Wir wollen genau das machen, was Ihnen vorschwebt«, soll Eichinger seinen Gästen erklärt haben. »Wir wollen einen europäischen Film, weg vom amerikanischen Muster.«

Blieb zunächst mal die Frage nach einem Regisseur offen. »Bisher hatten wir eher an Andrzej Wajda und Akiro Kurosawa gedacht«, erinnerte sich Ende bei unserer Unterhaltung. »Doch jetzt rückte Eichinger mit einer Überraschung heraus: Der Regisseur hieß Helmut Dietl.«

Dieser Name war neu für Michael Ende.

»Das macht gar nichts«, beruhigte der neue Produzent, »ich glaube einfach an den. Das ist ein Dickkopf genau wie Sie.«

Ende und seine Mannen ließen sich überzeugen und hatten gegen die Entwicklung der Dinge nichts mehr einzuwenden. Nur mit Dietl war er sich noch nicht ganz sicher. Den wollte er erst einmal kennenlernen.

Der Thienemanns-Verlag konnte ebenfalls zufrieden sein. Denn hätte sich Ende quergestellt bei dem Geschäft, dann wäre wahrscheinlich auch Weitbrecht wieder ausgestiegen. Denn schließlich war der Autor der *Unendlichen Geschichte* für den Stuttgarter Verleger extrem wichtig. Seine Bücher haben schließlich wesentlich zum finanziellen Erfolg des Verlages beigetragen.

Jetzt standen Thienemanns 300 000 Mark aus dem Verkauf der Filmrechte zu. Die Hälfte davon floß allerdings an den Autor. Darüber hinaus garantierte der Vertrag auch noch einen Anteil an den Einspielergebnissen.

Diese günstigen Bedingungen waren noch mit Geissler ausgehandelt worden. Damals mit der Vorstellung, daß das Budget des Films sieben Millionen Mark kaum überschreiten würde. Doch jetzt zeigten die Vertragsklauseln ganz neue Horizonte auf.

Doch Bernd Eichinger überzeugte den Autor, daß sich die Modalitäten inzwischen geändert hatten und reduzierte die Beteiligung an den Einspielergebnissen. Er ahnte wahrscheinlich, daß sich das Budget noch einmal erhöhen würde. Ende, der auch auf einen Anteil an der Produktionssumme verzichtet hatte, merkte erst nach Monaten, als das Budget endgültig feststand, daß ihm da einiges entgangen war.

Und noch etwas wurmt den Schriftsteller heute noch, der sich nach eigenen Worten »so gar nichts« aus Geld macht. »Irgendwann habe ich erfahren, wie Geissler in dieser Sache abgestaubt hat«, sagte er, »diese Zwischenhändler haben ja dreimal soviel bekommen wie ich und der Verlag zusammen.«

Einen Tag lang sah sich Michael Ende im Vorführraum der *Neuen Constantin* Filme von Helmut Dietl an. Dann flog er in die USA zu dem Regisseur, der so berühmte Fernsehserien wie *Münchner Geschichten* oder *Monaco Franze* gemacht hat.

Dort traf der Autor Dietl in dessen Haus in Los Angeles. Ende blieb eine Woche.

Ihm gefiel der junge Münchner, der soviel Verständnis für seine Phantasie-Figuren aufbrachte; aber ihm fiel auch noch etwas anderes auf: »Dem Dietl ging's wie mir. Er hatte eine Heidenangst vor dem ganzen Projekt.«

Schon kurz darauf packte Dietl in Los Angeles seine Koffer. Er wurde dringend in Europa erwartet. Denn die Produktion stand schon in den Startlöchern, und es lag noch kein endgütiges Drehbuch vor. Schließlich saß er bei Ende in Italien auf der Terrasse und beide erarbeiteten eine erste Konzeption. Nach acht Tagen fuhr der Regisseur zurück nach München, um mit dem Drehbuch zu beginnen.

Die Arbeit war alles andere als gemütlich. Ständig wollte die Produktion Änderungen am Text, immer wieder mußten Szenen neu geschrieben werden, und täglich erforderten die Vorbereitungen des Films neue Entscheidungen.

Eichinger legt los

Deutschlands erfolgreichstem Produzenten war eines von vornherein klar: Dieser Film hatte überhaupt nur eine Chance, wenn er auch von technischen Profis gemacht würde – und die gab es nicht in Deutschland. Also suchte sich Eichinger seine Leute dort, wo die besten Tricks der Welt gemacht werden – in den USA und England.

Die Wahl der *Neuen Constantin* fiel auf das As der Branche, den Engländer Brian Johnson. Mit *Alien* und *Star Wars – II. Teil* – hatten schon zwei Johnson-Filme Oscars bekommen und im Februar '82 war schon wieder ein Film, in dem der Engländer die Tricks gemacht hatte, für einen Oscar nominiert: *Drachentöter*.

Eichinger hatte dem Trick-Papst in Ermangelung eines fertigen Drehbuches eine englische Übersetzung des Ende-Romans geschickt. Dazu einige Entwürfe von Ul De Rico.

Im März '82 flogen Eichinger, Dietl und Geissler nach Los Angeles und trafen sich mit Brian Johnson. Der Meister hatte das Ende-Buch aufgeklappt auf seinem Schreibtisch liegen. Er besah sich noch einmal die Zeichnungen. Dann hob er den Kopf, und fragte: »How much money do you have?«

Das war die Gretchen-Frage. Denn genau gesagt hatte die *Constantin* nur genug, um das Projekt anlaufen zu lassen. Wieviel Geld wirklich einmal gebraucht würde, stand in diesem Moment noch nicht fest.

Daß es teurer werden würde als angenommen, hatte die Gruppe aus Deutschland schon einige Tage zuvor erfahren, als sie sich die berühmtesten Trickstudios der Welt in San Francisco anschauten. *Industrial Light and Magic* von *Star-Wars*-Erfinder George Lucas waren nicht unter einer Million Dollar im Monat zu mieten; dabei waren die

Modellzeichnung für den Felsenbeißer

RAD

Gehälter für Material und Leute aber noch nicht mitkalkuliert. Außerdem gab es in den Lucas-Studios eine lange Warteliste, auf die sich schon ein paar andere große Produktionen gesetzt hatten. Da hatten Eichinger und seine Crew beschlossen, die Sache in den *Bavaria*-Studios über die Bühne zu bringen. Daß dieser Entschluß auch erhebliche finanzielle Konsequenzen haben würde, war klar. Den Film in München zu drehen, bedeutete auch, die Technik nach München zu holen.

Und jetzt wollte dieser Bursche wissen, wieviel Geld sie ausgeben können! Aber Johnson hielt an diesem Tag auch sonst nicht mit seiner Meinung über die deutsche Filmindustrie hinterm Berg: »Ihr habt doch überhaupt keine Erfahrung«, verblüffte er die Deutschen, die ihm da gerade einen gutbezahlten Job anboten, »ich komme nur, wenn die *Bavaria*-Studios nach meinen Vorschlägen umgerüstet werden, und ich meine eigenen Leute mitbringen darf.«

Ein paar Wochen später, während der Oscar-Verleihung in Hollywood, wurde der Vertrag zwischen Eichinger und Johnson per Handschlag besiegelt. »Das Buch gefällt mir wirklich gut«, sagte Johnson zu seinem neuen Boß, »aber es kostet viel Geld.«

Das war Eichinger schon klargeworden, als er beobachtete, wie die Tricks in den Lucas-Studios entstanden: sehr langsam. Das mußte ins Geld gehen. Wieviel die Tricks kosteten, war im einzelnen schwer zu sagen. So teuer sich Trickweltmeister Johnson auch bezahlen ließ, er hatte zur Verblüffung der Deutschen von einer Sache keine Ahnung: Wieviel seine Spezialeffekte im einzelnen kosteten. Danach hatte bisher nie jemand gefragt.

Dafür hatte sich Eichinger mit Brian Johnson mehr als den besten Trick-Mann der Welt gekauft. Brian Johnson verschaffte dem Projekt mit seinem Image gleichzeitig internationale Anerkennung. Bei dem Namen Brian Johnson horchten die Amerikaner sofort auf: Hier waren die »Germans« offenbar ernsthaft daran gegangen, einen

Production-Painting zur fertigen Filmszene

In den Sümpfen

Atréju und Gmork, der Werwolf

Der Elfenbeinturm

Atréju bei den Sphinxen

Die Fledermaus mit Regisseur Wolfgang Petersen

Die uralte Morla

Production-Painting zur fertigen Filmszene

In den Sümpfen

Atréju und Gmork, der Werwolf

Der Elfenbeinturm

Atréju bei den Sphinxen

Die Fledermaus mit Regisseur Wolfgang Petersen

Die uralte Morla

Film zu produzieren, der mit amerikanischem Standard gemessen werden konnte. *Die unendliche Geschichte* hieß plötzlich *The Never Ending Story* und galt bald als eine der weltweit wichtigsten Produktionen des Jahres '83.

Zu Hause in München tat die *Neue Constantin* inzwischen alles, um dem Ruf einer großen Produktion gerecht zu werden. Eichinger hatte Günter Rohrbach, den Chef der *Bavaria*-Studios, von dem Projekt überzeugt. Daraufhin ließ der Studio-Boß in Halle 4/5 erst einmal die größte *Blue-Screen*-Anlage der Welt konstruieren. Doch die zwei Millionen Mark, die dieser Spaß kostete, waren nicht die einzige Ausgabe. Die *Bavaria* gewährte auch einen üppigen Atelier-Kredit, das heißt, alle Kosten für Studiomieten und Studiopersonal müssen erst aus den Einnahmen des Filmes zurückgezahlt werden. Damit waren sie Co-Produzenten in dem Projekt. Die Rechnung von Rohrbach war einfach: Hier bot sich für die *Bavaria*-Studios zum erstenmal die Gelegenheit, Anschluß an den internationalen Film-Standard zu finden. Zwar hatte es in der letzten Zeit immer häufiger US-Produktionen gegeben, die in München gedreht wurden. Doch die wirklichen Riesenproduktionen wurden von den *Pinewood*-Studios in England abgesahnt.

Schon lange schielte Rohrbach eifersüchtig nach Großbritannien. Doch bisher konnten die bayerischen Tricktechniker ihren englischen Kollegen nicht das Wasser reichen. Nur ein wirklich großer technischer Film, der in München entstand und auch noch ein Welt-Erfolg würde, könnte den Rückstand gutmachen.

Zunächst aber hat der Produzent noch einige schlaflose Nächte zu überstehen. Mit einem flauen Gefühl in der Magengrube sitzt er hinter seinem eleganten Lederschreibtisch und fiebert dem Tag entgegen, an dem ihm die Nachricht gebracht wird, daß *Die unendliche Geschichte* der Kassenschlager des Jahres geworden ist.

Für Bernd Eichinger war die Beteiligung der *Bavaria* ein wichtiger Faktor. Ohne das »Okay« von Rohrbach hätte er wahrscheinlich das Projekt nicht in Deutschland drehen können. Inzwischen war sich der Produzent auch über die Kosten klargeworden. Mit den Erfahrungen in Amerika und den Bildern des ersten Drehbuchentwurfes im Kopf machte Eichinger seine eigene Kalkulation auf. Das Projekt würde teurer als geplant werden.

»Wenn man den internationalen Standard halten will«, sagte der Produzent einmal, »dann muß man das Beste wollen.« In Zahlen ausgedrückt hieß das, der Film würde sich in der Größenordnung von 50 Millionen Mark bewegen. Auf einer Produktionsbesprechung hatten einige Mitarbeiter eine noch höhere Produktionssumme kalkuliert. Doch Eichinger hatte sich sein Ziel bereits abgesteckt: »Entweder 50 Millionen«, soll er damals gesagt haben, »oder wir vergessen es.«

Damit war das neue Ziel abgesteckt. Dabei hätte von »vergessen« nicht mehr die Rede sein können. Denn die Mammut-Produktion war längst angelaufen. Das Unternehmen noch einmal abzubrechen wurde von Tag zu Tag schwieriger.

In den *Bavaria*-Studios waren bereits sechs Hallen angemietet und die Trickleute arbeiteten auf Hochtouren. Die ersten von Ul De Rico entworfenen Fabelwesen wurden schon gebaut und die ersten Sets entworfen. Was jetzt noch fehlte, war ein brauchbares Drehbuch. Für einen Special-Effects-Film eine gefährliche Situation.

Wie bei keiner anderen Filmform muß bei den Spezial-Effekten nach einem höchst präzisen Drehbuch gearbeitet werden. Nur wenn jede Szene todsicher festgelegt und vom Storyboard-Mann gezeichnet ist, lassen sich die Drehmöglichkeiten und die damit verbundenen Kosten festlegen. In diesem Bereich hatte die deutsche Produktion Neuland betreten. Doch mit Brian Johnson hatten sie sich einen Experten geholt, der mit seinem technischen know-how für viele Probleme eine Lösung parat hatte. Allerdings war der Trick-Mann nicht allein gekommen.

Schon am ersten Tag präsentierte er die Liste mit den

Spezialisten, die er zur Unterstützung dringend brauchte. Die Produktionsleitung mußte erst einmal schlucken, als sie die Kosten für die Crew aus England kalkulierte. Aber dann stimmte sie doch zu. Eine wertvolle Entscheidung, wie sich schon bald herausstellte. Denn jetzt standen die führenden Trickspezialisten der Welt auf der Lohnliste der *Neuen Constantin*.

Ein Buch nach dem anderen

Helmut Dietl fühlte sich nicht wohl in seiner Haut. Er schrieb wie ein Wilder an seinem Drehbuch und gleichzeitig mußten täglich Dutzende von Entscheidungen getroffen werden, von denen sechsstellige Summen abhingen. Der Regisseur hatte ja keinerlei Erfahrung mit einer solch teuren Produktion. Eine kleine Änderung im Drehbuch, eine kleine Szene mehr, konnte in der Verwirklichung Hunderttausende kosten. Jede Minute, die der Film länger als 90 Minuten würde, wäre mit gigantischen Investitionen verbunden.

Die Produktion hatte sich längst entschlossen, den Ende-Roman in zwei Filme aufzuteilen. Der erste Teil, der jetzt gedreht werden sollte, endete in dem Moment, in dem Bastian das scheinbar verlorene Phantásien rettet. Seine Abenteuer im Land der Phantasie wäre dann der zweite Film.

Im Mai '82 war das fertige Drehbuch zwar immer noch nicht abgeliefert, dafür konnten die Crew-Mitglieder in der Halle 6 das erste Fabelwesen bewundern: die Rennschnecke. Rund drei Meter lang, einen Meter hoch, konnte das Gummitier seinen Hals recken, mit den Augen rollen und über das Parkett zischen.

Als Michael Ende davon erfuhr, war er verblüfft: »Das geht doch nicht«, soll er zu Eichinger gesagt haben, als er mal wieder staunend durch die *Bavaria*-Studios lief, um sich über den Stand der Dinge zu informieren. »Du baust eine Rennschnecke für eine Million und weißt gar nicht, ob wir die im Drehbuch nicht weglassen.«

Dabei konnten große Zahlen den Autor inzwischen kaum noch beeindrucken. Im Gegenteil, Ende war von dem Produktionsaufwand sehr angetan. Die *Neue Constantin* hatte den Vater der *Unendlichen Geschichte* in die Lucas-Studios nach San Francisco eingeladen. Sie wollten beweisen, daß es durchaus möglich war, auch Phantasie-Figuren im Film darzustellen.

Ende soll geradezu begeistert von diesem Trip zurückgekommen sein. Doch der Künstler erinnert sich an eine andere Tonart, in der da gesprochen wurde. »Sie sind künstlerisch völlig inkompetent«, will er da zu Eichinger gesagt haben, »es interessiert mich nicht, was Sie für eine Vorstellung von dem Film haben.«

Eichingers Vorstellungen waren indessen von sachlichen und finanziellen Zwängen geprägt. Es fehlte ein fertiges Buch, doch die Story mit ihren wesentlichen Stationen lag bereits, mit Ende besprochen, fest. Also entwickelte der Produzent einen höchst komplizierten Arbeitsplan, nach dem all die Dinge gebaut wurden, auf die man sich bereits geeinigt hatte. Mit jedem Schritt, den man dem fertigen Drehbuch näher kam, konnte dieses System ausgebaut werden.

Das erste Dietl-Drehbuch lag im Juni '82 auf dem Tisch. Doch die Produktion war damit nicht einverstanden. Die Story war noch zu kompliziert und vor allem viel zu lang. Dafür war Ende sehr angetan von dem Buch. Er stimmte schriftlich zu, daß dieser Entwurf Grundlage für jede weitere Drehbuchentwicklung war.

Einige Monate später, am 7. Oktober, findet Ende ein Päckchen in seinem Briefkasten. Es ist ein ganz neues Drehbuch. Diesmal von Herman Weigel verfaßt, der schon als Autor des Drehbuches von *Christiane F. – Wir Kinder vom Bahnhof Zoo* bekannt wurde. Ende war verblüfft: »Davon hatte man mir nie etwas gesagt, daß der Weigel mitdichtet. Das Buch war wirklich indiskutabel. Ich habe sofort ein Telex losgelassen: ›Ihr seid wohl wahnsinnig geworden. Dieser Scheiß kommt überhaupt nicht in Frage.‹«

Nur wenige Tage später, am Freitag, dem 10. Oktober, erlebten die Crew-Mitglieder der *Unendlichen Geschichte* in München eine Überraschung. Die Produktion hatte eine Anweisung herausgegeben, nach der sich alle Mitarbeiter um 17 Uhr in der Halle 6 zu versammeln hatten. Pünktlich erschien Dieter Geissler, bestieg ein kleines Podest und erklärte: »Die Produktion hat sich in gegenseitigem Einvernehmen von Helmut Dietl getrennt.«

Die Anwesenden trauten ihren Ohren nicht. Doch dann folgte gleich die zweite Sensation des Tages: »Der neue Regisseur heißt sehr wahrscheinlich Wolfgang Petersen«, sagte Geissler auf Deutsch und Englisch. Alles applaudierte. Den Namen Petersen kannten auch die Briten. Der Film *Das Boot* war inzwischen auf der ganzen Welt erfolgreich gelaufen.

Dietl hatte einen Tag zuvor das Handtuch geworfen. Der Druck, der von allen Seiten auf ihm lastete, war für ihn unerträglich geworden. Das war kein kleiner gemütlicher Film an einem kleinen gemütlichen Set, so wie er es gewohnt war. Das hier war Filmindustrie, und er war nicht nur als Regisseur gefragt, sondern auch als überlegener Manager, der sich bei einer Crew von inzwischen rund 80 Leuten durchsetzen mußte. Das Tempo der Produktion war ihm zu schnell geworden, und der Stoff des Ende-Buches erschien ihm zunehmend unverfilmbar zu sein. Noch bei seinem letzten Gespräch mit der Produktion erklärte er: »In 90 Minuten ist das nicht zu machen.«

Doch die *Neue Constantin* war anderer Meinung und sie wußte auch schon, wie das angeschlagene Boot zu retten war. Der neue Kapitän mußte Petersen heißen. Er war der einzige Regisseur in Deutschland, den auch die ausgebuffteste Technik, der teuerste Etat und die größte Crew nicht aus der Ruhe bringen konnten. Daß er auch noch im Sturm einen kühlen Kopf bewahren konnte, hatte er bei der Verfilmung von *Das Boot* bewiesen: Petersen war einfach prädestiniert dazu, das Mammutspektakel über die Bühne zu bringen. Jetzt mußte nur noch Ende von dem neuen Regisseur überzeugt werden und das war weit schwieriger, als Petersen an Land zu ziehen.

Ein Autor sieht rot

Kaum hatte sich Michael Ende vom Schrecken des neuen Drehbuchs erholt, da erreichte ihn die nächste Überraschung. Dietl selber rief den Autor an, um ihm zu erklären, warum er den Job geschmissen hatte. Ende konnte es nicht glauben. Als er dann auch noch erfuhr, wer der nächste Regisseur werden sollte, war er mit seiner Geduld am Ende.

Der Bestseller-Autor weigerte sich noch einmal nach München zu kommen, bevor er nicht einen Brief von Eichinger bekäme, in dem der Produzent genau erklären sollte, warum er sich von Dietl getrennt habe. Der Brief kam. Ein Bote war mit dem Schreiben nach Rom geflogen und dann im Mietwagen zur Ende-Villa gebraust.

Die Produktion hatte guten Grund, so prompt zu reagieren: Die Zeit drängte. Drehbeginn sollte schon im Januar sein. Die Verleiher im Ausland, die das Risiko der Produktion mittragen sollten, wollten mit einem endgültigen Drehbuch und nicht durch den Krach mit dem Autor von dem Projekt überzeugt werden.

Ende kam, aber er war nicht allein. Außer seinem Verleger Hansjörg Weitbrecht hatte er auch Sabine Weitbrecht, Justitiarin des Verlages, im Schlepptau. Die Gegenseite war ebenfalls stark vertreten: Neben Eichinger und Weigel saßen Ul De Rico und Petersen am Tisch. Denn darauf hatte Ende bestanden. Er wollte, daß der neue Regisseur von Anfang an mitbekommen sollte, welche Auseinandersetzungen es um die Story gab.

Diesmal ging es allerdings weniger gemütlich zu als beim ersten Treffen. Die Marathon-Sitzung fand in der *Bavaria*, Halle 10, statt und dauerte dreizehn Stunden! Ende hatte zunächst einen ellenlangen Schriftsatz aufgesetzt, in dem er das Drehbuch von Weigel in der Luft zerfetzte. Schweigend saß Petersen dabei und beobachtete die ganze Show. Dann holte Ende zum großen Finale aus und erklärte: »Jetzt wollen wir den Vertrag lösen. Wir haben die Nase voll.«

Er mußte eigentlich wissen, was diese Mitteilung für seine »Gegner« bedeutete. Die Produktion hatte schon zuviel investiert, das »Okay« von Ende war sozusagen unerläßlich. Daß der Autor und sein Verlag in dieser Produktionsphase ausstiegen, kam für Eichinger überhaupt nicht in Frage. Also ging der Produzent zum Gegenangriff über. Er kämpfte wie ein Löwe. Nach Stunden hatte er sein Ziel erreicht: Der Verlag, der Justitiar und Ende waren mit allem einverstanden.

Michael Ende ärgert sich heute noch, daß er damals nachgegeben hat, »wenn Eichinger im Ganzen nicht durchkommt, hat er so eine Taktik der kleinen Schritte. Dann ringt er einem hier und dort eine Kleinigkeit ab, und die wird dann gleich fixiert. Schließlich hatte er uns da, wo er wollte.«

Ende war bereit, es mit Petersen zu probieren.

Der Witz an der Geschichte war, daß es eigentlich Ul De Rico war, der Ende von dem neuen Regisseur überzeugte. In einer Gesprächspause schwärmte er dem Schriftsteller von Petersen vor, der soviel Verständnis für die Story gezeigt hätte. Es war ein Lob, das Ul De Rico noch einmal leid tun würde.

Die neuen Modalitäten, die schließlich gegen Mitternacht festgelegt wurden, ließen Hoffnung aufkommen: Ende akzeptierte Petersen, und der neue Regisseur sollte mit dem Schöpfer der *Unendlichen Geschichte* eine neue Drehbuchkonzeption ausarbeiten.

Gearbeitet werden sollte in Italien, das hatte Ende verlangt. So traf sich dann ein ungleiches Paar auf der Terrasse der Villa *Casa Liocorno*: Der Schriftsteller, der so gern in seinem Garten nach uraltem Vulkangestein sucht, und Deutschlands bestbezahlter Regisseur, der gern mal mit seinem metallicgrünen Mercedes 500 SEC über die Autobahn flitzt. Beide arbeiteten von morgens bis spät in die Nacht. Zwischendurch flog Petersen immer wieder zurück nach München, denn in der *Bavaria* wartete seine Crew ständig auf Entscheidungen.

Inzwischen hatte auch Ende gelernt, daß sich ein Filmdrehbuch manchmal von der Romanvorlage entfernen muß. Er selber machte die wesentlichen Änderungsvorschläge, um das Buch der Dramaturgie von rund 100 Filmminuten anzupassen. Und noch etwas wurde in dieser Zeit festgelegt. Das Zuhause von Bastian mußte in einer amerikanischen Stadt angesiedelt werden, schließlich sollte sich der Film auch auf dem internationalen Markt bei den Zuschauern durchsetzen können.

Endlich war das Buch fertig. Eichinger las es über Nacht. Am nächsten Morgen ließ er Petersen und Ende in sein Büro kommen. Es kam zu einer turbulenten Szene.

»Dieses Buch ist Scheiße«, sagte der Produzent und schleuderte das 120-Seiten-Manuskript auf seinen Schreibtisch, »das mache ich nicht!« Türen wurden zugeschmissen, und für ein paar Stunden war Pause.

Später setzten sich die Kontrahenten doch zusammen. Für Eichinger war das Buch indiskutabel. Es war ihm zu düster, die Story zu schwer, »sie wird den Zuschauer erdrücken«, sagte er. Es gab einen langen Streit um das Manuskript, der bis in den späten Abend dauerte. Eine Einigung war nicht in Sicht. Am nächsten Tag rief Petersen bei Ende im Hotel an: »Ich habe es überschlafen. So arbeite ich nicht. Ich lege die Regie nieder.« Doch so schnell gab Eichinger nicht auf. Es wurde weiterdiskutiert, und schließlich soll es Ende gewesen sein, der den neuen Regisseur animierte, es doch noch einmal zu versuchen.

In wenigen Tagen entstand ein neues Buch, die sogenannte »Kompromißfassung«.

An diese Versöhnungsgeste erinnerte sich Ende nicht mehr, als ich ihn in seinem italienischen Haus besuchte. Er war verbittert, wenn er an die Tage in München zurückdachte. »Ich glaube, Petersen stand damals vor einer lebenswichtigen Entscheidung«, mutmaßte der Autor, »nämlich ob er ein guter Regisseur werden wollte oder ein Oscar-Preisträger.«

Wer weiß, vielleicht kann ja auch ein guter Regisseur ein Oscar-Preisträger werden. In jedem Fall setzte die *Neue Constantin* alles daran, ihrem Regisseur ein gutes Drehbuch zu verschaffen. Ein Buch, das Chancen für einen Welterfolg in sich barg. Ein Buch das nicht nur *Prädikat besonders wertvoll* bekam, sondern gut genug war, um eines Tages in den Kinos der Welt zumindest die Produktionssumme von über 50 Millionen Mark wieder einspielen zu können. Jetzt ging es darum, die letzte Drehbuchfassung auch für den internationalen Markt aufzubereiten, das bedeutete, sie mußte auch perfekt ins Englische übertragen werden. Dafür kam nur ein Profi in Frage.

Der nächste Schritt, den die Produktion unternahm war *top secret*. Nur eine Handvoll Leute wußte, wer der junge Mann war, der eines Tages mit dem Direktflug aus Los Angeles in München landete: John Hill war der Helfer in höchster Not. Ein Drehbuch-Doktor. Ein Mann, der gerufen wird, wenn die Story noch einmal aufpoliert werden muß und die Zeit drängt.

John Hill ist einer von den Typen, deren Namen im Film-Nachspann niemals auftaucht. Ihm genügt der Scheck als Anerkennung. Allerdings trat Hill nicht allein an dieser letzten heißen Phase um das Drehbuch an. Neben ihm saß Hermann Weigel.

Der *Constantin*-Mann hatte ja bereits eine Fassung abgeliefert. Die gefiel Ende zwar nicht, aber dafür war die Produktion von dem Buch hell begeistert.

Bei diesem letzten Anlauf ging es ums Ganze: Jeden Vormittag trafen sich der Ghostwriter, Weigel, Petersen und Produzent Eichinger. In stundenlangen Gesprächen wurde noch einmal Seite für Seite handschriftlich festgelegt. Nachmittags setzten sich noch einmal Hill und Weigel an die Schreibmaschine. Nach knapp einem Monat lag das neue Buch auf dem Tisch. Es hatte sich seit den ersten Drehbuchentwürfen einiges geändert: Bastian war inzwischen ein kleiner Amerikaner geworden. Einige Fabelwesen tauchten nicht mehr auf. Dafür erschien jetzt wieder der Werwolf Gmork und sorgte für eine spannende Verfolgungsszene. Dafür war auch das alles verschlingende »Nichts« kein schweigendes Unheil mehr, dem alles zum Opfer fällt, so wie es der Roman vorsah, sondern jetzt löste es Naturkatastrophen, Erdbeben und Unwetter aus.

Kurz, mit der Arbeit von Weigel und Hill war ein neues Buch entstanden, das sich wirklich spannend las und voller guter Gags steckte. Und das Erstaunlichste an der ganzen Sache war: die Grundidee von Ende, die Reise Bastians von der Realwelt in die Welt der Phantasie war erhalten geblieben.

Die *Neue Constantin* stürzte sich auf das Buch wie Verhungernde auf das erste Wurstbrot. Am 14. Januar hatte der Amerikaner die letzte Seite getippt, am 18. Januar '83 hatten alle wichtigen Leute der Produktion das gedruckte Werk mit dem roten Pappeinband in der Hand. Für die *Neue Constantin* stand fest: Das war das Buch, nach dem gearbeitet werden mußte. Endlich konnte es losgehen. Der Drehbeginn war inzwischen auf den 15. März verschoben worden. Jetzt atmeten alle auf. Nur Michael Ende kannte noch nicht die neueste Fassung. Er wollte sich mit Petersen treffen, um das amerikanische Buch durchzugehen. Doch ein Anruf machte diesen Plan zunichte.

Der große Krach

Am 18. Februar '83, morgens gegen 11 Uhr, klingelte in der Villa *Casa Liocorno* das Telefon. Am Apparat war Ul De Rico, er klang besorgt.

»Findest du das neue Drehbuch wirklich gut?« fragte er Michael Ende.

»Wieso?« Der Schriftsteller war sofort beunruhigt. Schließlich hatte er das Buch ja noch nicht gesehen, nach dem jetzt in München endgültig gearbeitet wurde. Was dann geschah – darüber gehen die Meinungen der Beteiligten auseinander.

Was der Maler dem Schriftsteller genau berichtete, läßt sich nicht mehr rekonstruieren. Auf jeden Fall muß es dazu beigetragen haben, daß der Autor völlig aus dem Häuschen geriet.

»Ich wollte unbedingt das Buch sehen«, erinnert sich Ende an diesen Tag, »doch die Produktion rief nur ständig bei mir an und wollte alles erklären.« An ein ruhiges Gespräch mit Petersen war in diesem Moment nicht mehr zu denken. Der Regisseur hatte in diesen letzten Stunden vor dem ersten Drehtag kaum noch Zeit für ein Treffen in Italien. Ende fühlte sich dagegen verraten und wollte sein Haus nicht verlassen.

»Schließlich wurde das Buch per Kurier hierher gebracht«, sagt Ende, »ich war entsetzt. Man hatte die Substanz der Geschichte völlig zerstört. Alles, was geändert wurde, bedeutete das genaue Gegenteil der *Unendlichen Geschichte*.«

Bernd Eichinger ist dagegen auch heute noch der festen Überzeugung, daß Ende und die Produktion keine getrennte Meinung über die Story hatten. Petersen und Weigel denken in diesem Punkt genauso. Nur Michael Ende wollte von einem solchen Konsens nichts wissen.

Er fühlte sich tief in seiner Seele getroffen und hatte nur noch ein Ziel. »Ich wollte den Vertrag platzen lassen.«

Diesmal erschienen der Autor und sein Verleger gleich mit zwei Anwälten in Stuttgart. Aber auch die Gegenseite hatte vorgesorgt. Petersen und Eichinger hatten ebenfalls zwei Juristen im Kielwasser.

»Deren Anwälte kauften unseren Anwälten sofort den Schneid ab«, erinnert sich Ende voller Wut an die Begegnung. »Sie sagten nur: ›Wenn Sie irgendwelche Schritte unternehmen, die auch nur im Geringsten unsere Arbeit behindern, dann machen wir Sie schadenersatzpflichtig. Da kostet Sie jeder Drehtag eine Million!‹«

Ich kenne den Wortlaut der Auseinandersetzung während dieses dramatischen Treffens nicht. Aber soviel ist klar: Für Bernd Eichinger konnte ein Aussteigen von Ende überhaupt nicht mehr in Frage kommen. Das Unternehmen in dieser Phase abzubrechen, wäre schon vom unternehmerischen Standpunkt aus Wahnsinn gewesen.

Vielleicht war das ein Aspekt, den auch die Verlagsjuristen einsahen. Jedenfalls empfahlen sie ihren Mandanten, sich auf einen Vergleich einzulassen. Er bestand in einem Dokument, in dem festgehalten wurde, daß sich der Verlag und Ende von dem Drehbuch distanzieren, sich aber gleichzeitig verpflichten, nichts gegen die Herstellung und den Vertrieb des Films zu unternehmen.

Ende: »Dieser Vertrag ist in einem Augenblick der Verwirrung und Erschöpfung zustande gekommen. Ich war so fertig an diesem Tag, daß ich wieder etwas unterschrieben habe.«

Schließlich unternahm der Thienemanns-Verlag noch einen letzten Versuch, seinem bedrängten Bestseller-Autor Schützenhilfe zu geben. Am 11. März lag in allen großen Zeitungsredaktionen der Bundesrepublik ein dikker Briefumschlag. Er enthielt eine sieben Seiten lange Erklärung von Michael Ende, in der er das Drehbuch zum teuersten Film Deutschlands in Grund und Boden verdammte.

Einige Zeitungen riefen Ende an und machten ein Interview, vielen war der Rechtsstreit nur eine kleine Notiz im Kulturteil wert. Damit war der Krach, der beinahe das Ende der Millionen-Produktion bedeutet hätte, zunächst einmal ausgestanden. Wenige Tage vor Drehbeginn durften die Produzenten endlich aufatmen: Sie hatten das Buch sicher in ihren Händen. Zumindest konnte in dieser Beziehung nichts mehr schiefgehen.

Ein Hauch von Hollywood

Die meisten Mitarbeiter der *Unendlichen Geschichte* erfuhren erst aus der Zeitung von dem Krach um das Drehbuch, aber die wenigsten merkten, daß damit auch ihr eigener Job auf der Kippe gestanden hatte.

In der *Bavaria* war nichts zu merken gewesen von dem, was hinter den gepolsterten Türen der Produktionsleitung vor sich gegangen war. In den Studios wurde gearbeitet, als hätte es nie einen Streit mit Ende gegeben.

Manche sprachen sogar schon von dem zweiten Teil der *Unendlichen Geschichte,* der 1984/85 gedreht werden sollte. Doch zu diesem Zeitpunkt machte sich Bernd Eichinger noch Gedanken, wie er das laufende Projekt auf Dauer finanzieren sollte. Eine endgültige Lösung war noch nicht in Sicht.

Doch nach dem Motto *the show must go on* sorgte er immer dafür, daß keine Weltuntergangsstimmung aufkam. Obwohl er in dieser Zeit manchmal sehr bleich aus seinem nachtschwarzen Mercedes 500 SEL ausstieg, um mal wieder zu einer der pausenlosen Konferenzen in sein Büro zu rennen. Bernd Eichinger hatte sich von Anfang an hohe Ziele mit seinem Film gesetzt: Es sollte ein märchenhafter Film werden. Ein Film in dem nichts real war. Ein Film der in einer phantastischen, künstlichen Welt spielte – ohne daß die Zuschauer diese Künstlichkeit mitbekamen.

Kurz, ein perfekter Fantasy-Film, aber nach einem neuen Muster.

Das bedeutete, die Tricks mußten so gut sein, daß sich niemand fragt: »Wie haben die das bloß wieder gemacht?«, sondern, daß jeder 90 Minuten lang fasziniert in seinem Kinosessel sitzen würde.

Erst seit George Lucas und seinem Welterfolg *Krieg der Sterne* gibt es Techniken, die es ermöglichen, ein Buch *wie Die unendliche Geschichte* zu verfilmen. Noch vor zehn Jahren wäre ein solches Unternehmen absolut undenkbar gewesen.

Im Vordergrund standen die ständig steigenden Kosten. Ein Film wie *Ben Hur* zum Beispiel, bei dem ganze Straßen, Häuser und ein Teil der berühmten Arena für das Wagenrennen, in Originalgröße aufgebaut wurden, wäre heute gar nicht mehr zu bezahlen. Riesen-Raumschiffe, phantastische Schlösser, Berge oder Landschaften können heutzutage nur noch als Modell nachgebaut werden. Das große Problem besteht dann darin, die echten Schauspieler mit einem optischen Trick an die Modellgröße anzugleichen. Das *Blue-Screen*-Verfahren hat hier völlig neue Wege geöffnet.

Der zweite Schritt nach vorne geschah durch den Einsatz von Computern, die die Bewegung von Puppen oder Kameras beliebig oft wiederholen können, ohne auch nur einen hundertstel Millimeter von dem vorgegebenen Programm abzuweichen. Und schließlich hat sich auch bei den Maskenbildnern und Modellbauern viel verändert. Neue Schaumstoffe, winzige elektronische Servomotoren und Mini-Fernsteuerungen lassen heute Monsterwesen lebendig werden.

Damit ist in der Filmindustrie eine völlig neue Ära angebrochen. Es wurden Filme möglich wie *E. T.* oder *Conan, der Barbar, Jäger des verlorenen Schatzes* und bereits der dritte Film aus dem *Krieg-der-Sterne*-Zyklus.

Die Stories haben sich eigentlich nie verändert, sie funktionieren immer nach den gleichen Mustern. Aber die Geschichten konnten plötzlich in eine ganz neue Dimension gehoben werden.

Diese phantastische Dimension schwebte auch Bernd Eichinger vor und dafür brauchte er hervorragende Leute. Tricks gibt es eben nicht fertig zu kaufen, man kann nicht für jedes Problem eine schematische Lösung aus der Schublade ziehen. Szene für Szene muß das Verfahren festgelegt werden, um das Drehbuch zu realisieren.

Die Lösung ist fast immer die Kombination von verschiedenen Trickelementen; und vieles, was man dafür braucht muß erst erfunden werden.

Die Spezialisten, die *Special-Effects-Superviser*, sind Leute, die nicht nur fertige Lösungen auf dem Kasten haben, sondern immer nach neuen, noch nie dagewesenen Möglichkeiten suchen.

Ständig trafen sich 20 bis 30 Leute im Produktionsbüro der Halle 4/5. Manche Drehbuchstellen wurden tagelang diskutiert. Es war ein stundenlanges Hin- und Hergeschiebe von Fakten und technischen Möglichkeiten. Es gab natürlich auch einige Wege die in die Irre führten, und das war teuer.

Zum Beispiel die Figur des *Nachtalbs*, einem Fabelwesen aus Phantásien. Wochenlang hatte Ul De Rico an der Figur gezeichnet. Es war ein eigenartiges Geschöpf zwischen Derwisch und Raupe dabei herausgekommen, das die *Creature*-Mannschaft in mühevoller Kleinarbeit nachbaute. Als das Biest schließlich nach zwei Monaten fertig war, sah es nur aus wie eine wildgewordene Currywurst. Es hätte im Film nur lächerlich gewirkt.

Kurz entschlossen trennte sich die Produktion wieder von der Figur, deren Entwicklung sicher Zehntausende gekostet hatte. Die Rolle wurde später von einem Schauspieler übernommen.

Während der ganzen Produktion gab es eine Sache, die die *Neue Constantin* ganz besonders fürchtete: Daß irgendein Unbefugter die Wunderwesen zu Gesicht bekommen würde. Daher herrschte auch in den Hallen während der eineinhalb Jahre Vorbereitungs- und Drehzeit absolutes Fotografierverbot. Ein Fotoapparat, und wenn es auch nur eine Pocketkamera war, mit der irgendein Engländer ein Erinnerungsfoto für seine Familie machen wollte, löste regelrechte Panik aus.

Die Produktion hatte Angst davor, daß eine der Film-Figuren als Foto in einer Zeitung veröffentlicht, die ganze geheimnisvolle Spannung zerstören könnte, mit der sie die Dreharbeiten umgeben wollte. Die Gerüchte, irgendein Unbekannter sei mit einer Kamera in irgendeiner Halle gesehen worden, lösten jedes Mal große Suchaktionen aus, aber es waren regelmäßig Fehlalarme.

Das war auch ein Grund dafür, daß die *Neue Constantin* Ausweise an die Teammitglieder ausgegeben hatte, die Namen und Foto des Besitzers trugen. Diese Plastikkärtchen mußten deutlich sichtbar getragen werden. Über zwanzig Sicherheitsbeamte bewachten die Halleneingänge und ließen niemanden ohne entsprechende Karte passieren.

Dabei hätte sich Unbefugten in manchen Hallen ein enttäuschender Anblick geboten. Denn die wirkungsvollsten Trick-Apparate sahen für Außenstehende ganz uninteressant aus. Nur Eingeweihte konnten ermessen, welch sensationelle Anlagen sich hier befanden.

Blue-Screen

Seit einigen Jahren gilt die *Blue-Screen*-Technik als die Zauberformel für alle großen Erfolgsfilme. Vereinfacht erklärt besteht das Verfahren darin, mit einem optischen Trick den Hintergrund einer Szene ›auszuklinken‹. In einem späteren Verfahren kann dann diese ›Lücke‹ auf dem Film durch einen Phantasiehintergrund, oder eine Spielszene ergänzt werden.

Auch wer sich in Film-Techniken nicht so genau auskennt, hat diesen Effekt schon hundertmal gesehen. Nämlich dann, wenn etwa hinter dem Tagesschausprecher im Fernsehen plötzlich eine Karte oder irgendein Symbolfoto erscheint. Dabei scheinen die Konturen der Figur im Vordergrund manchmal zu zittern oder ein wenig zu strahlen. Deutlich sichtbar wird der Effekt an sehr feinen Konturen, etwa an einzelnen Haaren, wenn die Sprecherin zum Beispiel einen Lockenkopf hat.

Im Film wird ein sehr ähnliches System angewendet. Hinter der Szene im Studio wird eine blaue Wand aufgebaut. Dabei genügt es allerdings nicht, den Hintergrund nur blau zu streichen, Die Wand besteht vielmehr aus einer speziellen Nylon-Plane, in einem intensiven Blauton, der in der Natur und vor allem auf dem Set garantiert nicht vorkommt. Um die Farbe noch zu verstärken sind hinter der lichtdurchlässigen blauen Folie Hunderte von speziellen Lampen angebracht, die die gesamte Wand ausleuchten. Raffinierte elektronische Geräte sorgen dafür, daß sich das Licht absolut gleichmäßig verteilt. Jetzt kann die Szene vor dieser strahlend blauen Wand ablaufen. Später wird der Film so entwickelt, daß die blaue Farbe unberücksichtigt bleibt. Das bedeutet: Alles was beim Drehen den blauen Farbton hatte ist jetzt nicht zu sehen. An diesen Stellen ist das Filmmaterial einfach klar und durchsichtig. Inzwischen wird mit einer anderen

Kamera irgendein Hintergrund gedreht, etwas, was viel zu groß wäre, um es im Studio aufzubauen. In einem speziellen Mischgerät können die beiden Filmstreifen anschließend so übereinander kopiert werden, daß die Landschaft genau den leeren Raum ausfüllt. Die Schnittstellen sind nicht mehr zu sehen.

Alle diese Arbeiten wurden für die *Unendliche Geschichte* bei den Pionieren dieses Verfahrens erledigt: Den *Industrial Light and Magic*-Studios von George Lucas in San Francisco. In deutschen Kopierwerken sind diese komplizierten Dinge noch nicht zu machen. Ein teures Unternehmen, wenn man bedenkt, daß das Studio für jedes der zahllosen Kopierverfahren zwischen fünf- und zehntausend Dollar kassiert.

Bisher waren immer relativ kleine *Blue-Screen*-Wände eingesetzt worden. Doch die *Neue Constantin* wollte für ihre Produktion etwas Besonderes. Die gesamte Wand der größten *Bavaria*-Halle sollte zur *Blue-Screen*-Anlage werden. Die Vorteile waren offensichtlich: Es konnten riesige Szenen aufgebaut und später kombiniert werden.

Die Anlage wurde von einer Spezialfirma in Los Angeles gebaut und dann in Einzelteilen zerlegt nach München geflogen. Aufgebaut hatte die Riesenwand die Dimensionen von zehn auf dreißig Meter und war damit die teuerste und auch größte *Blue-Screen*-Anlage der Welt. Ihr Einsatz mußte sorgfältig kalkuliert werden. Denn allein das Einschalten der Speziallampen, die die 300 Quadratmeter große Wand ausleuchteten, kostete jedesmal einen Haufen Geld.

Eines Tages passierte mit der Superwand, die alle wie ein rohes Ei behandelten, ein Unglück.

Irgend jemand war dem Nylontuch mit einem scharfen Gegenstand zu nahe gekommen und hatte es angeschlitzt. Sofort riß die bretthart gespannte Leinwand auf einer Länge von 20 Metern auf.

Die Versicherung deckte den Schaden. Immerhin kostete die Ersatzplane, die sofort aus den USA kam, 100000 Mark.

Diese Anlage in der großen Halle 4/5 war aber nicht die einzige Wand, die die Bavaria extra für den Mammut-Film angeschafft hatte. In zwei kleineren Hallen standen weitere *Blue-Screen*-Wände von 16 mal 7, bzw. 10 mal 5 Metern.

Für die *Unendliche Geschichte* war dieses Verfahren unerläßlich. Wie sonst hätte sich etwa der *Felsenbeißer*, der in der Story als 20 Meter hoher Riese erscheint, mit dem *Nachtalb*, der von einem Schauspieler dargestellt wurde, unterhalten können? Die Lösung machte *Blue-Screen* möglich: Der Schauspieler agierte einfach während der Aufnahme gegen die völlig leere blaue Wand. An dieser Stelle wurde später der *Felsenbeißer* einkopiert. Eine zweite Kamera hatte das Wesen aufgenommen, das computergesteuert in Wirklichkeit nur knapp zwei Meter groß war. Hinter dem Schauspieler, der nur am unteren Bildrand agierte, wirkt das Ungeheuer riesig.

An die Schauspieler stellte diese Arbeit allerdings ganz besonders hohe Anforderungen. Sie sahen ja ihre ›Gesprächspartner‹ während des Spielens nicht. Und trotzdem mußten Emotionen, Reaktionen und vor allem die Blickrichtung genau stimmen, damit beide später in der Mischung nicht aneinander vorbeisahen.

Ein zusätzliches Handicap bestand darin, daß die fertig gemischten Filme erst nach Wochen aus Los Angeles zurückkamen, und erst dann einwandfrei festgestellt werden konnte, ob der Regisseur bei seiner Inszenierung den Schauspieler richtig dirigiert hatte.

Über diese Probleme war sich die Produktion von Anfang an keineswegs im klaren. Doch die Leute von der *Neuen Constantin* hatten Glück: Im Team gab es einen Video-Spezialisten, der für fast alle Probleme eine Lösung parat hatte und der der Produktion auch in diesem Fall sicher gewaltige Ausgaben gespart hat.

Der Abschied vom alten Kino

Ohne Video-Anlagen wären die Dreharbeiten zur *Unendlichen Geschichte* so gut wie unmöglich gewesen. Eigentlich sollte Uwe Bendixen, der sein Handwerk in New York gelernt hatte, nur einzelne Szenen aufzeichnen, damit Petersen später eine bessere Kontrolle hatte. Doch der Profi aus den USA konnte viel mehr.

Mit seinem Mischpult war er in der Lage, auf elektronische Weise genau die Kopiertricks auszuführen, die erst viel später von den Studios in Los Angeles auf dem Filmmaterial gemacht werden würden. Alles was die Kameras in den Studios drehten zeichnete er gleichzeitig elektronisch auf. Hatte er bereits die Hintergründe für die *Blue-Screen* auf Band, konnte er sofort die beiden Bilder kombinieren.

Mehr als einmal stellte sich dabei heraus, daß Vorder- und Hintergrund überhaupt nicht zueinander paßten. Die Szene wurde dann einfach korrigiert und noch einmal gedreht. Es wäre nicht auszudenken, was hätte geschehen können, wenn ein solcher Fehler erst nach Wochen entdeckt worden wäre, zu einer Zeit, in der das alte Set längst abgebaut war – ein finanzielles Desaster.

So stand Uwe Bendixen immer mit seinen Maschinen irgendwo im Set und war der stille Zauberer. Je deutlicher der Produktion wurde, wie wichtig dieser Mann war, um so phantastischer wurde die Ausrüstung des Video-Departements. Schließlich waren die Anlagen zu groß um sie jedesmal auf- und abzubauen. Bendixen bekam ein eigenes Studio und noch zwei Elektronikingenieure als Mitarbeiter.

Zuletzt hatte der Video-Freak mit knapp vier Kilometern Kabel alle Studios miteinander elektronisch verbunden. Gleichzeitig besaß auch jede Kamera eine Video-Ausspielung (Anschlup). Sowie eine Szene gedreht war,

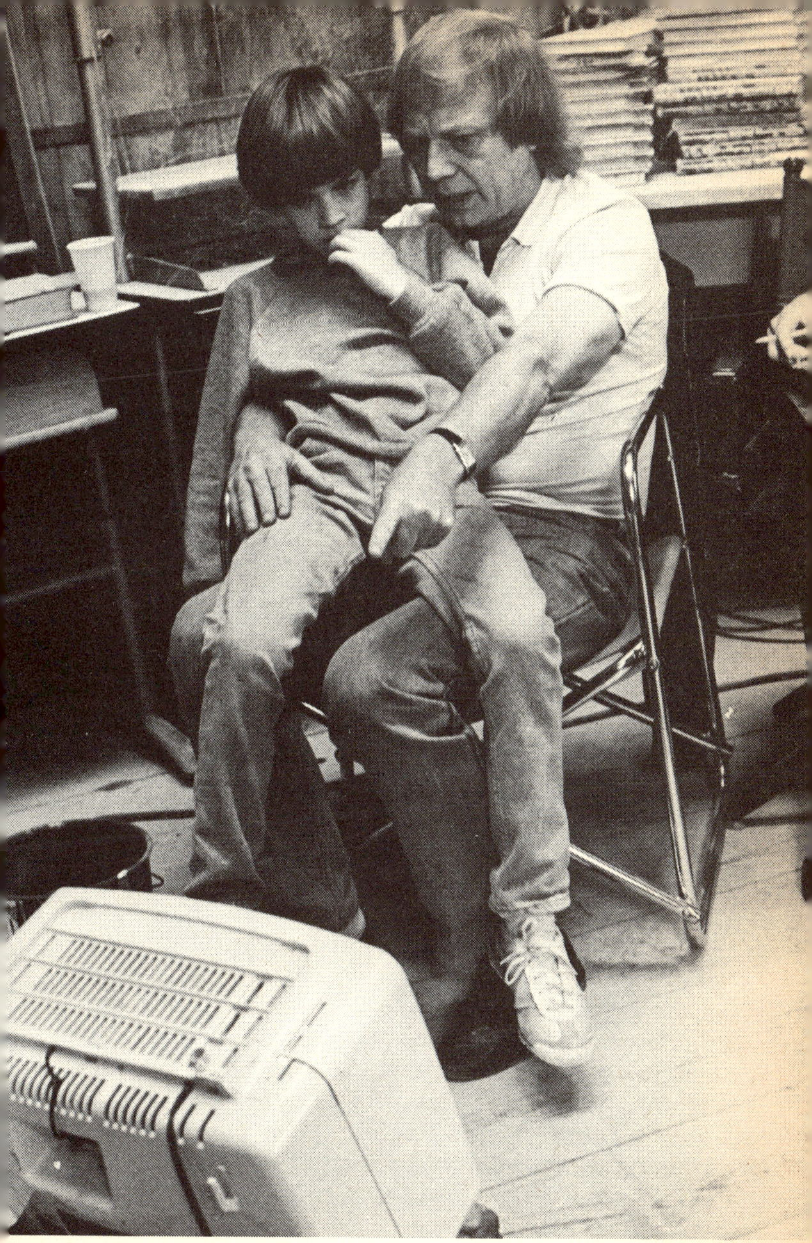

Wolfgang Petersen und Barrett Oliver

und Petersen ›aus‹ sagte, flimmerte das eben Aufgenommene über einen Monitor neben dem Regiestuhl. So konnte der Regisseur in aller Ruhe entscheiden, ob ihm die Szene gefiel oder er die Einstellung noch einmal drehen wollte. Besonders in Sets, in denen Dutzende von Aktionen gleichzeitig geschahen, bewährte sich dieses Verfahren, das vielleicht mancher Regisseur ablehnen würde. Aber zunächst lief der Film sehr gemütlich an...

Der erste Drehtag

»Quiet, please!« Wolfgang Petersen hat sich in seinem Regiestuhl nach vorn gebeugt. Dabei herrscht sowieso schon absolute Ruhe in Halle 7 an diesem 14. März. Alle warten seit Stunden darauf, daß es endlich losgeht. Dann endlich, punkt 14 Uhr, wird die erste Klappe vor der 35-Millimeter-Kamera geschlagen. »Und, Action«, ruft Petersen.

Damit hat der Regisseur ein eigenartiges Schauspiel auf der Bühne vor ihm ausgelöst. Dort befindet sich nämlich kein Schauspieler, sondern der *Felsenbeißer*. Das Biest ist auch sitzend noch mindestens 1,60 Meter hoch, und sein Körper aus bemaltem Schaumstoff ist täuschend echt, hartem Granit nachempfunden. Doch die Figur hat überhaupt nichts Bedrohliches. Sie ist ein plumper liebenswürdiger Riese, mit schönen wasserblauen Augen und einem weichen Herzen in dem Felsenkörper.

Auf ›action‹ beginnt die Figur plötzlich zu leben. »W...would it be allright, if I join this party«, spricht irgendwo eine Stimme über Lautsprecher. Und der *Felsenbeißer* ahmt jede Silbe nach. Sein Mund geht auf und zu. Er spitzt die Lippen über seinen Granitzähnen, legt die Stirn in Falten und zuckt mit der Nase. Dabei hebt und senkt sich sein Brustkorb, als hätte der Riese gerade einen anstrengenden Dauerlauf hinter sich.

»Aus«, sagt Petersen und zu dem Ungeheuer gewandt, »er muß weniger mit der Stirn wackeln, aber dafür mehr die Nasenflügel blähen. Geht das?« Es geht.

Für die lebensechten Bewegungen des Ungeheuers sind acht Puppenspieler verantwortlich. Sie hocken, eng zusammengepfercht, unter der Bühne. Jeder hat eine bestimmte Anzahl von kleinen Hebeln und Schiebern vor sich. Von diesen ›Werkzeugen‹ aus laufen versteckte Drähte in den *Felsenbeißer* und bewegen Augen, Backen,

Ohren, Oberlippe, Nase, Fingerspitzen, Stirn und sogar die Kopfspitze. Damit die Akteure sehen, was sie mit ihren Hebeln oben auf der Bühne auslösen, überträgt eine Video-Kamera das Bild des Darstellers auf ein Dutzend Monitore unter der Bühne.

»Also noch einmal«, befiehlt Petersen, »und paßt mit der Nase auf!« Artig, mit einem unterwürfigen Augenaufschlag, spricht der graue Riese noch einmal seinen Satz. Er wird ihn an diesem ersten Tag noch über zwanzigmal wiederholen müssen, bevor der Regisseur zufrieden ist.

»So ein Schauspieler aus Gummi ist wirklich sehr geduldig«, erklärt mir Petersen nach diesem ersten Drehtag, »aber es ist schwierig, ihn zu inszenieren. Man kennt ja nicht seine Möglichkeiten. Er kann einem ja auch nichts anbieten, sondern man muß sich nach und nach an die optimale Koordination der einzelnen Bewegungen herantasten. Aber dafür läuft er einem auch nicht weg.«

Ursprünglich hatte man geplant die *Creatures*, die Filmwesen, voll elektronisch zu bewegen. Doch Computer sind zu dumm. Wenn Programme Bewegungen über Servomotoren steuern, dann wirken die Abläufe zu roboterähnlich. Menschen dagegen machen immer kleine Fehler, kleine Unregelmäßigkeiten, die den Figuren etwas Lebendiges geben.

Den *Felsenbeißer* gab es gleich in drei Versionen. Einmal sitzend, so wie er am Anfang der Dreharbeiten gebraucht wurde. Eine zweite Version funktionierte tatsächlich völlig ferngesteuert. Das ist der *Felsenbeißer*, der auf einem elektrisch getriebenen Felsenfahrrad durch den Wald saust. Dieser Bursche ist allerdings ziemlich unbeweglich. Er kann nur mit den Augen wackeln und seine Füße bewegen sich auf den Pedalen. Bei dieser Figur kommt es auch nicht so auf Genauigkeit an, weil sie nur für Sekunden im Film zu sehen sein wird.

Viel schwieriger und aufwendiger war dagegen die

Der Felsenbeißer

Konstruktion des sogenannten Fahrrads. Schließlich mußte das Ding ja die zwei Meter hohe Puppe tragen.

Wochenlang hatten die Techniker an der Maschine gearbeitet. Schließlich war der Antrieb, ein gewaltiger Elektromotor, in die Walze eingebaut worden, die das Vorderrad des Vehikels bildete. Zwei starke Batterien unter dem Sattel sorgten für den nötigen Vortrieb. Das ganze Gerät war eine Höllenmaschine. Bei den ersten Fahrtests im Freien flog der *Felsenbeißer* aus der Kurve, das Rad war einfach zu schnell. Ein spezielles Getriebe sorgte schließlich dafür, daß sich die Geschwindigkeit in Grenzen hielt. Aber jetzt besaß die Maschine eine Bärenkraft.

Zum Glück kannte keiner im Studio die Energie, die

hinter dem Fahrrad steckte. Eine Fehlschaltung – und das über 100 Kilo schwere Gerät wäre ohne Halt durch die Dekoration gebrochen. Zudem besaß es keine Bremse, sondern stoppte indem man den Motor abstellte. Dieses ungewöhnliche Vehikel wurde mit einer zigarrenkistengroßen Fernsteuerung bedient. Eine falsche Fingerbewegung des Ingenieurs hätte gewaltigen Schaden anrichten können.

Der dritte *Felsenbeißer* bestand nur aus einer leeren Hülle, die von einem Schauspieler getragen wurde. Diese Figur war nur für eine einzige Bewegung hergestellt worden: Wenn der *Felsenbeißer* sich mit einer eleganten Bewegung von seinem Fahrrad schwingt.

Für Colin Guilder, der in diesem Wesen steckte, war diese Sekunden-Szene allerdings eine üble Plagerei. Das Kostüm wog über 20 Kilo und war aus einem sehr dichten Material. Da es äußerst schwierig war, das Ganze anzuziehen, mußte der Schauspieler manchmal stundenlang in dem engen Panzer ausharren. Dabei stiegen die Temperaturen unter den Studio-Scheinwerfern im Inneren des Kostüms auf über 40 Grad. Da der Schauspieler viel kleiner war als das ganze Ungeheuer, hatte man ihm winzige Sehschlitze in Höhe des Bauches in den Schaumstoff geschnitten. Allerdings war auch damit die Sicht äußerst begrenzt. Mehr als einmal geriet Colin ins Stolpern. Wenn nicht sofort einige Bühnenarbeiter ihn gehalten hätten, wäre er hilflos wie eine Schildkröte auf dem Rücken liegen geblieben.

Die optische Wirkung dieser drei *Felsenbeißer* ist auf dem fertigen Film wirklich verblüffend. Da kein Zuschauer mehr merkt, wann welche Figur eingesetzt wurde, scheint der steinerne Riese beweglich zu sein wie Nurejew. Die Figur ist so schön und so liebevoll gebaut, daß es eigentlich schade ist, daß sie im Film so wenig zu sehen ist. Vielleicht findet die *Unendliche Geschichte* eines Tages eine Fortsetzung – und hoffentlich bekommt dann der *Felsenbeißer* eine extra große Rolle!

Der erste Drehtag hatte für die Produktion allerdings noch eine ganz andere Überraschung. Schon seit Wochen war in der Halle 4/5 das Set des *Haulewaldes* aufgebaut worden. Dabei hatte Art-Director Wolfgang Zehetbauer die 3000 Quadratmeter große Halle in einen wirklichen Zauberwald verwandelt. Riesige Mammutbäume ragten zwischen Felsen zur Hallendecke hinauf. Alles war dick bewachsen mit Moos und exotischen Pflanzen. Zwischen den gewaltigen Wurzeln standen kleine Tümpel, in denen Wasserpflanzen wucherten. Das Ganze war eine so perfekte Konstruktion aus Gips, Styropor, Holz und Pflanzen, daß man auch bei genauerem Hinsehen die Übergänge kaum entdecken konnte.

Doch die Architekten hatten einen Fehler gemacht: Mit den Ästen eines alten Kirschbaumes, kamen auch Insektenlarven aufs Set. In der tagelangen Hitze der Scheinwerfer, brachen die Biester ihren Winterschlaf ab und surrten durch die Halle. Innerhalb von wenigen Tagen war das Set von Tausenden geflügelter Ameisen bevölkert, die sich mit Heißhunger über die Millionen-Dekoration hermachten.

Schließlich bestand ernsthafte Gefahr für die Halle, denn die fliegenden Ungeheuer waren auch an der hölzernen Dachkonstruktion interessiert. Da gab es nur einen Weg: Ein Spezialkommando für Insektenvernichtung mußte die Halle retten. Ein Wochenende lang waren die Kammerjäger unterwegs, dann waren die Tierchen vernichtet, und auf dem Tisch der Produktion lag eine Rechnung von 20000 Mark.

Zum Glück bedeutete die ganze Aktion keine Verzögerung. Bernd Eichinger hatte sich für die Produktion einen besonderen Trick ausgedacht: Nur wenn gleichzeitig an mehreren Orten gedreht würde, konnte das enorme Pensum an Einstellungen geschafft werden. So waren bei der *Unendlichen Geschichte* in manchen Wochen fünf Crews gleichzeitig an der Arbeit! Behinderungen an einem Set legten also nicht gleich den ganzen Betrieb lahm.

Wolfgang Petersen

Wolfgang Petersen, das war in doppelter Hinsicht das Beste, was der *Neuen Constantin* passieren konnte. Denn kaum hatte der Regisseur seinen Vertrag unterschrieben, war sein Name Gold wert: Er wurde als erster deutscher Regisseur für den Oscar nominiert. Genauer gesagt, sein Film *Das Boot* wurde gleich sechsmal für die höchste Auszeichnung im Filmgeschäft vorgeschlagen.

Petersen gehörte jetzt plötzlich über Nacht zu den wichtigsten Regisseuren der Welt. Sein Name stand neben Stars wie Richard Attenborough (*Ghandi*) und Stephen Spielberg (*E. T.*) auf der Nominierungsliste. Eine Tatsache, die allerdings auch seinen Preis in ungeahnte Höhen trieb. Seine Gage wurde von der Produktion immer peinlich verschwiegen, doch man weiß, daß Petersen für seine Arbeit deutlich mehr als eine Million Mark bekam. Für bundesdeutsche Verhältnisse eine geradezu astronomische Summe.

Petersen selbst hat nie einen Zweifel daran gelassen, daß er für sich erbarmungslos Spitzengagen aushandelte. »Ich bin bekannt als einer der hoch pokert«, sagte er einmal zwischen zwei Einstellungen am kalten Büfett, das die Produktion jeden Tag für alle Mitarbeiter aufbauen ließ, »und mit meiner Oscar-Nominierung hat sich mein Preis verdoppelt.«

Petersen konnte sich Selbstsicherheit erlauben. *Das Boot* war in den USA gleich in sechs großen Städten gestartet worden und ließ die Kassen klingeln. Erst einen Tag vor Drehbeginn war der Regisseur von einem regelrechten Triumphzug aus den USA zurückgekehrt. Man hatte ihn zu einem der fünf besten Regisseure des Jahres '83 gewählt. Weltberühmte Filmleute hatten sich mit ihm getroffen. Das Fernsehen hatte über ihn berichtet. Von Spielberg war er ganz besonders beeindruckt. Der hatte sich nicht nur herzlich über seinen Konkurrenten bei einer TV-Show geäußert, sondern auch noch zu Petersen gesagt: »Den Film *Das Boot* hätte ich noch lieber gemacht als *E. T.*« Diese Äußerung war sicher vor allem höflich gemeint gewesen, jedenfalls hat sie Petersen tief beeindruckt.

Während der Termin für die Oscar-Verleihung näherrückte, wurde in der *Bavaria* weitergedreht. Petersen war guter Dinge. »Ich habe immer an einen Oscar gedacht«, sagte er einmal ganz ehrlich, »ich weiß zwar, daß das unpopulär ist, aber ich gebe es gerne zu.« Damit hat er sicher recht gehabt, denn es gibt auf der ganzen Welt wohl keinen Filmschaffenden, der sich nicht schon in einer schwachen Stunde die Dankesrede für eine erträumte Oscar-Übergabe ausgedacht hätte. Obwohl für die meisten der heißersehnte Gold-Pokal so unerreichbar bleiben wird wie der Mond.

Man merkte bald, daß Petersen Spaß daran hatte, die Technik der *Unendlichen Geschichte* zu dirigieren. »Ich setze gern technische Möglichkeiten ein. Es muß perfekt sein. Dabei weiß ich von vielen der Tricks nicht ganz genau, wie sie funktionieren«, sagte er einmal, während einer Drehpause in seinem ›Büro‹: Dieser kleine, perfekt eingerichtete Raum befand sich in einem Container, der jeweils in die Halle gestellt wurde, in der Petersen gerade inszenierte. Außer Sesseln, Stühlen und Schreibtisch befand sich auch ein Sofa darin, auf dem sich Petersen zwischendurch entspannte. »Eigentlich habe ich keine Beziehung zu Technik«, sagte er, »ich bin nicht mal in der Lage eine Glühbirne richtig einzuschrauben. Aber die Technik kann mich auch nicht erschrecken.« Das hatte er schon im *Boot* bewiesen. Jetzt zeigte Petersen auf eine ganz andere Art, daß ihn die Technik kalt ließ. »Für mich ist zum Beispiel der *Felsenbeißer* ein ganz normales Wesen. Den behandle ich wie einen richtigen Schauspieler.« Petersen geriet jedesmal regelrecht ins Schwärmen, wenn er über sein Lieblingsmonster redete, »ich spreche ihn ganz normal an, und wenn er mich dann so anglotzt, dann könnte ich glatt vergessen, daß er nicht lebt, und von acht Leuten gesteuert wird. Wenn man das vergißt, dann kann man die Figur so inszenieren, daß nachher keine Technik auf der Leinwand zu sehen ist, sondern ein richtig schöner Charakter. Dann bin ich selber verblüfft, was der so alles kann.«

Vom Unterseeboot-Film zu einer Märchengeschichte, das ist ein weiter Schritt. Wahrscheinlich bestand für Petersen die Herausforderung auch darin, den größten deutschen Film aller Zeiten inszenieren zu können. Er erklärte den Kurswechsel immer damit, daß er ›endlich mal was Schönes und Neues‹ machen wollte.

»Das war die Chance, genau das Gegenteil vom *Boot* zu machen«, sagte er.

»Hier war nichts realistisch und nichts depressiv. Als ich mal meinen 14jährigen Sohn Daniel fragte: ›Wie findest du eigentlich *Das Boot*?‹, sagte er nur: ›Och, ganz gut!‹ Da habe ich ihm gesagt: ›Den nächsten Film, Daniel, mache ich für dich!‹«

Wolfgang Petersen hat eine steile Karriere gemacht. Was für jemanden, der von der Filmhochschule zum Fernsehen kam, alles andere als selbstverständlich ist. Seine Mitschüler träumten noch vom engagierten Kino, der *Junge Deutsche Film* hatte noch nicht richtig losgelegt, da inszenierte Petersen für den WDR seinen ersten *Tatort*. Die Folge hieß *Blechschaden* und wurde ein Bombenerfolg. Danach durfte der Newcomer noch fünf weitere Tatortfolgen drehen. Darunter auch *Reifeprüfung* mit der er Nastassia Kinski zum Star machte. Aus seiner Vorliebe für Action-Stories hat der Regisseur nie ein Geheimnis gemacht. »Ich habe einen großen Erzähltrieb«, sagt er, »ich will nicht Dinge, die mich belasten, Probleme aus der Wohnküche, nach außen bringen. Sondern ich will Geschichten erzählen.«

Und das hat er dann auch getan. Selbst wenn die Stories einen leicht sozialkritischen Touch bekamen, war ihnen doch ein großes Publikum gewiß. Der Film *Die Konsequenz*, die Geschichte um eine Homosexuellenliebe, war so ein Erfolgsprojekt.

Aber auch wenn es ums Geld ging, hatte der Mann aus Hamburg beim Filmemachen immer eine geschickte Hand bewiesen. An vielen Produktionen beteiligte er sich.

Auch beim *Boot* hatte er eigenes Geld investiert. Dafür leistet Petersen sich gern ein wenig Luxus. Etwa einen Mercedes für 90000 Mark, nur um die 600 Meter vom Studio bis in seine Wohnung zu fahren. Er selber sieht sich bescheidener. »Ich bin einfach kein Champagner-Typ«, sagt der Mann, der sich gerade eine elegante Maisonette-Wohnung vor den Toren Münchens gekauft hat.

Inzwischen hat Petersen es wirklich geschafft. Mit dem *Boot* und der Verfilmung der *Unendlichen Geschichte* ist sein Name weltbekannt geworden. Die Verträge, die dem Regisseur angeboten werden, sind für deutsche Verhältnisse phantastisch. *Warner* in USA will Petersen für drei Jahre beschäftigen. Bei einem Spitzengehalt soll der Regisseur aus Germany sich um neue Projekte der größten Film-Fabrik der Welt kümmern. Das gleiche Angebot kam inzwischen von *Paramount*. »Das klingt sehr verlokkend«, kommentiert Petersen die Traumangebote und ist wie immer wenig zurückhaltend, wenn er über sich selber spricht, »die Amis setzen eben auf Qualität. Die wollen keine Fließband-Arbeit mehr...«

Im Team der *Unendlichen Geschichte* genoß Petersen allerdings nicht nur uneingeschränkte Sympathien. In einigen Abteilungen war der Regisseur mit den schnellen Entschlüssen regelrecht gefürchtet. Mehr als einmal ließ er im letzten Moment irgend etwas am Set ändern, oder er war mit einer der Figuren nicht einverstanden. Blitzschnell mußten Drehpläne geändert, Leute umdirigiert und Kosten verlagert werden. Aber schließlich war er ein Starregisseur und der durfte sich auch Eigenarten leisten.

Vor allem bei einer Produktion, die eigentlich keine Filmstars aufzuweisen hatte, in der die bestbezahlten Leute hinter den Kulissen arbeiteten.

Zu seiner Verteidigung muß allerdings gesagt werden, daß Petersen auf dem Set von seinen Mitarbeitern geradezu verehrt wurde. Ich habe während der ganzen Drehzeit nicht ein einziges böses Wort von ihm gehört. Petersen kannte sogar die Vornamen der Beleuchter und konnte sie persönlich ansprechen, was ihm große Sympathien einbrachte.

Wer spielt schon gerne Monster?

Risa Kes im Besetzungsbüro war genervt. Sie hatte gerade zum zehntenmal an diesem Tag mit einem Schauspiel-Agenten in London telefoniert. Die Engländer konnten sich einfach nicht vorstellen, was Risa ihnen schon den ganzen Vormittag zu erklären versuchte: Sie hatte eine Zwergenrolle zu besetzen und wollte dafür Patricia Hayes – und die ist mindestens 1,60 Meter groß. Aber was verstehen die Agenten schon von *Blue-Screen*-Verfahren und der Möglichkeit, Darsteller optisch zu verkleinern?

»Ich muß den Stars doch immer gleich sagen, daß sie verkleinert werden, sonst flippen sie doch später aus«, stöhnte Risa. Schauspieler sind von Natur aus eitel, da gibt es welche, die lassen sich vertraglich zusichern, von welcher Seite sie gefilmt werden dürfen und wieviel Großaufnahmen sie bekommen. Wenn man denen erzählt, daß sie als Monster geschminkt werden, wird es schwierig, aber wenn die dann auch noch erfahren, daß sie ein 30 Zentimeter kleines Kräuterweiblein in einer Höhle zu spielen haben, ist kaum noch was zu machen. Dann braucht man Risas Geduld.

Die Chefin des Besetzungsbüros war mit ihrer Ausdauer meist erfolgreich. Auch im Fall Patricia Hayes. Dabei stellte sich später heraus, daß die britische Schauspielerin sehr viel mehr Humor als ihr Agent besaß und mit viel Spaß eine hinreißende Rolle spielte. Sie ließ sich Nagezähne einsetzen, spitze Ohren ankleben und arbeitete wie man es von einem Profi erwartet. So war allerdings auch der Vertrag, den die Agentur nach München schickte. Neben der Gage von rund 3000 Mark am Tag, gab es strenge Auflagen darüber, wie der Name der Schauspielerin im Nachspann zu erscheinen hätte. Da muß es heißen *And Patricia Hayes as Urgel* – dieser Satz soll allein auf der Leinwand erscheinen, nicht später als an vierter

Stelle, und kein anderer Darsteller darf in größeren Buchstaben erwähnt werden! Darauf ließ sich die *Constantin* allerdings nicht ein.

Dagegen geht es in Deutschland noch geradezu gemütlich zu. Hier freuen sich die Schauspieler meist schon, wenn ihr Name im Nachspann richtig geschrieben wird. Petersen hatte es sich in den Kopf gesetzt, wenigstens die Nebenrollen mit Weltstars zu besetzen. Da war Polanski im Gespräch für die Rolle des Parmenter, eines geschrumpften Riesen. Tagelang telefonierte Risa Kes hinter dem Star-Regisseur her. Doch aus der Sache wurde nichts. Mit Attenborough hatte Petersen selbst auf dem Flug von Los Angeles nach London verhandelt. Der war angeblich schon Feuer und Flamme für die Rolle, doch dann hatte er es sich wohl anders überlegt.

Eine Zeitlang war auch Nastassia Kinski im Gespräch, aber irgendwie schlief auch diese Sache wieder ein. Kurz, der ganze Plan von Petersen, die Leute mit den Namen berühmter Stars zu verblüffen, die sie während des Films unter der Maske nicht erkennen konnten, war ein Schuß in den Ofen.

Es ist wirklich ein hartes Brot, einen Film zu besetzen, in dem ständig Leute gesucht werden, die klein oder groß genug sind, irgendwelche Monsterkostüme zu tragen, aber gleichzeitig noch gute Schauspieler sein sollen. Makaber wurde die Besetzung, als eine große Szene im sogenannten *Elfenbeinturm* vorbereitet wurde.

In dieser Einstellung sollten jede Menge merkwürdiger Biester auftreten. Damit die Kostüme nicht immer so wirkten, als hätte sich jemand für den Karnevalsumzug verkleidet, kam die Produktion auf eine eigenwillige Idee: Behinderte, Menschen ohne Beine oder Arme sollten in Kostüme gesteckt werden und so wie Wesen aus einer anderen Welt wirken.

In dieser Branche haben manche Leute schon absurde Einfälle, wenn sie glauben, dadurch irgendeinen neuen Filmgag zu produzieren. Jedenfalls mußte die unglückliche Risa Kes tagelang versuchen, Krüppel aufzutreiben... Sie rief bei der Pfennigparade und in verschiedenen Heimen und Wohlfahrtsorganisationen an. »Die Sache war entsetzlich peinlich«, jammerte sie später einmal, »ich habe wirklich Qualen ausgestanden.« Eines Tages aber waren die Qualen zu Ende, denn irgend jemand blies die Aktion ab.

Auch sonst waren noch genug andere ungewöhnliche Rollen zu besetzen. Ursprünglich suchte man jemanden, der die Figur des *Felsenbeißers* spielte, und der sollte so groß wie möglich sein.

In Hamburg trieb Risa *Bimbo* auf, einen Burschen von immerhin 2,38 Metern. Als Alternative gab es noch Konstantin, der es auf stolze 2,30 Meter brachte. Doch die Sache hatte einen Haken! Beide Riesen litten nicht nur seelisch, sondern auch körperlich unter ihrer Größe. Sie hatten Schwindelanfälle, konnten nicht lange stehen und klagten über Rückenschmerzen. Es war völlig ausgeschlossen, daß sie das schwere *Felsenbeißer*-Kostüm tragen konnten, ohne auf der Stelle zusammenzubrechen.

Die Männer aus der Basketballnationalmannschaft zu nehmen, wäre eigentlich genial gewesen, aber leider hatten die Sportler zur Drehzeit ein Auslandsspiel. Schließlich wollte Sepp Rau, ein freundlicher Metzgergeselle mit der Statur von zwei schweren Kleiderschränken, unbedingt den Job haben, obwohl er mit seinen 2,04 Metern schon knapp an der unteren Grenze war.

Das Dumme an der Sache war, daß es nie eine Kostümprobe gab. Als schließlich der bayerische Metzger in die *Felsenbeißer*-Klamotten steigen sollte, kam es zum Eklat: Der Zwei-Meter-Bursche war viel zu groß. Ein normal großer Mann hätte völlig genügt, um das schwere Kostüm zu bewegen. Unter Schmerzen versuchte sich der Metzger in die Schaumstoff-Hüllen zu zwängen, aber es ging nicht. »Ich habe mich doch schon so mit der Rolle identifiziert«, jammerte der riesige Bursche.

Es war nichts zu machen. Einen Tag vor Drehbeginn

mußte ein neuer Mann her. Geforderte Größe: 1,80 Meter. Risa fand in Colin Guilder schließlich einen hervorragenden *Felsenbeißer*. Der Schauspieler hatte darüber hinaus auch noch den großen Vorteil fließend Englisch zu sprechen, die vorherrschende Sprache am Drehort.

Da fast die Hälfte der Crew aus Engländern bestand, wurden auch alle Arbeitsanweisungen in Englisch gegeben, genauso wie wichtige Tagesanweisungen und alle Kommandos am Set. Das Drehbuch war sowieso schon in Englisch verfaßt worden. Die bayerischen Angestellten der *Bavaria* übernahmen völlig selbstverständlich die neuen Begriffe.

Die Wesen hießen im Bayerischen *Krietschers* (creatures), und die Bühnenleute ermahnten sich beim Drehen: »Seid's mal more kweiet plies!« oder: »put a little mor dust in the Einschnitt.«

In dem Film traten also keine echten Riesen, aber dafür einige echte Zwerge auf. Der *Winzling* zum Beispiel, der Reiter der Rennschnecke, wurde von Deep Roy gespielt. Der kleine Engländer im eleganten, maßgeschneiderten Seidenfrack ist genau 1,31 Meter groß. Im *Krieg der Sterne* hatte er schon mitgewirkt, wenn auch unsichtbar, dort steckte er nämlich als *Innenleben* im Blechkostüm des liebenswürdigen Roboters *r2-D2*.

Das Drehbuch war so oft verändert worden, daß Risa Kes manchmal verzweifelte. Eine Rolle, für die sie wochenlang eine Besetzung gesucht hatte, wurde plötzlich ersatzlos gestrichen. Andere Figuren erschienen zwar im Buch, doch sie waren von Ul De Rico noch nicht gezeichnet worden. »Weiß ich wie ein Irrlicht aussieht?« stöhnte Risa, »oder ein Zauberer?« Nur bei einer Rolle brauchte sie sich keine Sorgen zu machen: Der Darsteller des Helden Atréju stand von Anfang an fest.

Atréju

Im Ende-Roman ist Atréju ein Grasmensch mit olivfarbener Haut. Doch das war der *Neuen Constantin* dann doch ein bißchen zu phantastisch. Man einigte sich schließlich auf einen Indianer. Monatelang wurde nach einer geeigneten Rothaut gesucht, aber ohne rechten Erfolg. Es gibt einfach zu wenig Schauspieler unter den Indianern, vor allem keine unter zwölf Jahren.

Schließlich wurde Noah Hathaway entdeckt, immerhin Viertel-Indianer. Der Bub aus Los Angeles erfüllte alle Anforderungen: Er kann reiten, hat ein schmales, bildhübsches Gesicht, lange Haare und Erfahrung als Schauspieler. Sein einziger Fehler waren seine Eltern, die ihm nicht von der Seite wichen.

Noahs Vater hatte vor Jahren einen tragischen Unfall gehabt. Als aufkommender Star in den USA war der Schauspieler in Hollywood von einem Auto angefahren worden. Er wurde schwer verletzt und wird sein Leben lang hinken. Seine Karriere war damit schlagartig beendet. Seitdem hat sich der enttäuschte Mann zum Manager seines Sohnes gemacht. Jetzt lebt die ganze Familie (Vater, Mutter und Schwesterchen) vom erfolgreichen Sohn. Die Gage von Noah ist zwar eher bescheiden, aber dafür bekam die Familie in Deutschland eine Wohnung und lebte monatelang auf Kosten der Produktion.

Die Eltern hätten zwar auch gerne etwas Bargeld in der Hand gehabt, doch da schützt zum Glück ein amerikanisches Gesetz die Kinder vor ihren allzu gierigen Vätern und Müttern. Die Schauspieler-Gewerkschaft hat mit den Filmproduzenten eine Vereinbarung getroffen, die besagt, daß die Gage für Minderjährige auf ein Sperrkonto gezahlt werden muß. Mit 18 Jahren dürfen die kleinen Stars dann selbst über ihr Geld verfügen.

Da hätte auch der Prozeß nicht geholfen, an den die

Noah Hathaway

Eltern von Noah einmal dachten, um an die Gage ihres Sohnes zu kommen. Aber auch sonst versuchten die lieben Verwandten mit allen Tricks, ihren Lebensstandard zu verbessern. Eines Tages präsentierten sie der Produktion sogar Zahnarztrechnungen, die angeblich von ihrem Sohn stammten. Eine kurze Recherche zeigte, daß da in Wirklichkeit der Vater versuchte, sein Gebiß kostengünstig reparieren zu lassen. Es ist erstaunlich, daß Noah bei so geschäftstüchtigen Eltern ein relativ normaler Bub geblieben ist. Seine Star-Allüren hielten sich in Grenzen. Allerdings ließ er sich immer ein Extra-Menü servieren, obwohl das Büfett der Produktion ausgezeichnet war. Als Noah zu fett zu werden drohte, wurde er auf Steaks und Salat gesetzt. Die Semmeln, die er so liebte und ununterbrochen in sich hineinfutterte, kamen auf die schwarze Liste. Schließlich mußte der letzte Bürger *Phantásiens* eine gute Figur machen, wenn er auf seinem Schimmel *Artax* durch die Lande galoppierte.

Um den braven amerikanischen Bub wenigstens einigermaßen exotisch wirken zu lassen, mußte Noah täglich ins Solarium. Außerdem bekam er regelmäßig Reitunterricht, damit er sich an sein Pferd gewöhnte.

Am 23. März liefen plötzlich alle mit betretenen Gesichtern durch die Produktion. Noah war beim Training vom Pferd gefallen. Er lag im Harlachinger Krankenhaus in einer Spezialabteilung und alle hofften, daß die Wirbelsäule heil geblieben war. Einen Ausfall von Noah hätte sich die Produktion kaum leisten können, schließlich kostete die Dreh-Woche bereits 1,2 Millionen Mark. Während einige Teammitglieder noch Krankenbesuche machten und Blumen schickten, hatte Produktionsleiter Harry Nap schon alle Vorbereitungen für die Suche nach einem Ersatzkind getroffen. Es würde also keine Probleme mit den Anschlüssen geben.

Nach zwei Tagen atmete die *Neue Constantin* auf: Noah war gesund und konnte schon nach einigen Tagen mit dem Training weitermachen.

Für Kinderarbeit gibt es strenge Vorschriften in der Bundesrepublik. Also mußte die Produktion für ihre kleinen Stars ein regelrechtes Sozialprogramm entwickeln. Da die Jung-Mimen nur täglich vier Stunden arbeiten durften, stand ständig jemand mit der Stoppuhr bereit. Nach jeder Aufnahme wurde Noah blitzschnell vom Set in seine Garderobe gebracht. Denn die Zeit, die er in seinem Zimmer verbrachte, zählte nicht als Arbeit. Zur Vorbereitung für die nächste Einstellung sprang ein Double ein – ein Bub aus einer amerikanischen Schule in München. Da diese Doubles von morgens bis abends gebraucht wurden, hatte Risa gleich eine ganze Klasse »gekauft«.

Schließlich durften die Kinder ja auch keinen Unterricht versäumen. Also sorgte eine extra engagierte englische Privatlehrerin dafür, daß die Schüler auch ihre Hausaufgaben nicht vergaßen.

Der Nachtalb

Als feststand, daß die sündhaft teure Figur des *Nachtalb* höchstens noch als Plüschtier zu verkaufen war, mußte ein Schauspieler die Rolle übernehmen. Denn auf das Wesen konnte nicht verzichtet werden. Die ganze riesige Haulewald-Dekoration war auf das Treffen von dem *Winzling* mit dem *Nachtalb* am Lagerfeuer aufgebaut worden.

Schließlich wurde Thilo Prückner engagiert. »Ich werde gerne maskiert«, freute sich der Schauspieler noch, als er sich zum erstenmal mit Maskenbildner Collin Arthur traf. Da ahnte er noch nicht, was die Produktion mit ihm vorhatte. Als Thilo schließlich am 30. März zum erstenmal am Set erschien, erkannte ihn niemand mehr. Collin Arthur hatte ganze Arbeit geleistet.

Um sich in den *Nachtalb* verwandeln zu lassen, mußte Thilo morgens um sechs Uhr in der Maske sein, es dauerte volle vier Stunden, den Schauspieler zu schminken.

Allein im Gesicht wurden dem TV-Star zwölf verschiedene Teile aus weichem Gummischaum angeklebt. Dieses Material ist in seiner Konsistenz der Haut so ähnlich, daß die Übergänge zwischen Gummi und Gesicht auf dem Film nicht mehr zu erkennen sind. Allerdings lassen sich die Teile auch nur einmal verwenden. Jeden Abend mußte Collin alle Maskenstücke neu gießen, da sie mindestens zwölf Stunden zum Trocknen brauchten.

Um die Nase wilder erscheinen zu lassen, mußte sich Thilo zwei kleine Kunststoffschalen in die Nasenlöcher stecken, dann wurde die Nasenspitze mit einem Schaumstoffteil verlängert. Erst seit die modernen Kunststoffe gemischt werden können, sind Masken wie die von Thilo Prückner möglich. Die wichtigste Eigenschaft des Materials, das den größten Teil des Gesichts bedeckt: Es sieht nicht nur täuschend echt aus, sondern es ist auch relativ luftdurchlässig, schließlich muß der Schaumstoff den ganzen Tag auf dem Gesicht bleiben und da muß die Haut atmen können.

Für Prückner war die ganze Sache trotzdem eine Quälerei. Er mußte sich Arme, Beine rasieren lassen und bekam dann ganze Büschel langer schwarzer Haare aufgeklebt. Seine Hände steckten in handschuhartigen Gummiüberzügen mit Krallennägeln. Die Füße wurden ebenfalls verändert. Schließlich bekam Thilo noch eine kantige Stirn angeklebt und eine wilde Perücke aufgesetzt. Die Zähne wurden durch eine Art Gebiß verändert.

Der größte Streß begann für den gequälten Darsteller aber erst beim Abschminken. Diese Aktion dauerte zwar nur 40 Minuten, war aber doch sehr schmerzhaft. Anfangs zogen sie Thilo die Maske zu schnell vom Gesicht. »Ich sehe ja aus wie eine Languste«, stöhnte Prückner als er eines Abends mit rotem Gesicht aus der Maske kam.

Auch sonst wurde der Schauspieler hart gefordert. Er mußte wie ein Derwisch durch das Set toben, in einem Erdloch verschwinden und Felsen hinaufturnen. Abends war Thilo jedesmal fix und fertig. Er hatte sich Nägel abgebrochen, Schürfwunden an den Armen und Kratzer an den Beinen, aber er liebte seine Rolle. »Die einzige ernsthafte Konkurrenz für mich hier am Set«, sagte er kichernd, »ist der *Felsenbeißer.*« Damit hatte er nicht mal so unrecht, denn Lee Roy aus England, der zusammen mit Prückner in der Haulewald-Szene vor der Kamera stand, war nicht halb so gut wie die Rennschnecke, auf der der Zwerg reiten mußte.

Der Haulewald

»Action! Fledermaus, Schnecke, Feuer«, die Stimme von Wolfgang Petersen dröhnt über Lautsprecher durch die Riesenhalle 4/5. Er brüllt seine Kommandos in ein Mikro, das man ihm neben seinen Regiestuhl gelegt hat. Dann sitzt er ganz still auf seinem Stuhl. Er hat die Handflächen zusammengelegt und drückt die Finger gegen die Lippen. Er ist völlig auf die Schauspieler konzentriert. »Aus«, schreit er plötzlich, springt auf und spurtet in seinen Tennisschuhen so schnell ins Set, daß seine dünnen blonden Haare über den Kragen wehen. Die Fledermaus war nichts. Sie hatte zwar einen entzückenden Augenaufschlag, aber der kam zu früh – viel zu früh. »And again«, sagt Petersen ins Mikro.

Jemand stößt die Fledermaus an, die 2,30 Meter groß, mit angelegten Flügeln kopfüber von einem dicken Ast baumelt. Unsichtbar führen zwei Druckschläuche aus dem Wesen und verschwinden hinter der Dekoration. Dort stehen zwei Studenten bereit und wuchten wie die Galeerensträflinge zwei Meter lange Hebel auf und ab: große Pumpen, die die Fußbälle im Brustkorb der Fledermaus rhythmisch aufblasen. Ein anderer Helfer läßt die braune Nase des Riesenviehs zu Schnarchgeräuschen, die über ein Band zugespielt werden, zucken. Die Augenlider werden von einem vierten Mann per Fernsteuerung auf- und zugeklappt.

Petersen ist diesmal zufrieden. Doch dafür macht ein anderes Biest Ärger: Die Rennschnecke sieht ständig in die falsche Richtung. Der drahtige Regisseur ist schon wieder aufgesprungen. Diesmal spricht er kurz mit Thilo Prückner und Deep Roy. Petersen zitiert einen Dialogsatz, wünscht eine andere Betonung. Als er es selber vormacht, keckert er plötzlich los. Die Rennschnecke hat zärtlich ihren Kopf auf seinen Schoß gelegt und blinzelt ihn aus

Die Fledermaus und der Nachtalb

ihren Stielaugen liebevoll an. Diese Geste hat wirklich etwas Lebendiges. Dabei sind sieben Leute hinter dem Set nötig, um mit einer ganzen Batterie von Hebeln und Zügen solche Bewegungen auszuführen. Collin Arthur, der auch die Schnecke modelliert hat, nutzt die kurze Unterbrechung. Er gibt dem Vieh schnell eine Kalkspritze in eines der Schaumgummihörner, das schon etwas müde herunterhängt. Dann wird der Mund noch mal etwas nachgezogen und der Kopf mit Wasser eingesprüht. Inzwischen rast noch mal schnell Rauch-Macher Wacki durchs Set und verteilt schweren Abendnebel im Hintergrund. Auf »Action« gerät das ganze Bild wieder in Bewegung: Thilo hüpft aus seinem Erdloch und beißt in eine Wurzel. Deep Roy streichelt seine Schnecke und stopft ihr eine Handvoll Grünzeug in den künstlichen Rachen. Die Fledermaus schwingt am Baum hin und her und schnarcht, daß es eine Pracht ist. Dazu flackert das elektrische Lagerfeuer so künstlich wie ein englischer Kamin. In diesem Moment prasseln Steine aus Styropor von der Hallendecke; und die Schauspieler müssen hin und her springen, um den ›Felsbrocken‹ auszuweichen. Es klappt wirklich wie am Schnürchen. »Danke«, ruft Petersen. Er ist zufrieden.

In der Drehpause wird ihm Patricia Hayes vorgeführt. Die alte Dame des britischen Films steht schüchtern zwischen den Kulissen. Es sollen ein paar Video-Aufnahmen gemacht werden. Petersen sagt nichts. Er zieht an seiner Zigarette, die er immer so zwischen drei Fingern hält, daß die Glut in seiner hohlen Hand verborgen ist. Rauchen am Set ist feuerpolizeilich eine Todsünde.

»Was können wir sonst noch mit ihr machen?« fragt Petersen die Maskenbildnerin. »Stellt ihr die Ohren aus«, sagt der Regisseur, noch bevor er einen Vorschlag hört, »ich will sie wie ein Äpfelchen. Like a little old apple.«

Patricia Hayes kichert und schneidet eine Fratze. Der Abend dieses 17. März wird vom ganzen Team mit Spannung erwartet: Petersen will die ersten Muster zeigen. Zum angesetzten Termin, um 19 Uhr, gibt es im Vorführraum keinen Sitzplatz mehr. Dichtgedrängt stehen die Leute in den Gängen. In dem kleinen Raum sind so ziemlich alle Crew-Mitglieder versammelt. Kein Wunder, manche arbeiten ja auch schon seit einem Jahr an dem Projekt. Jetzt können sie zum erstenmal sehen, ob sich der Einsatz gelohnt hatte.

Es ist mucksmäuschenstill als das Licht ausgeht. Auf der Leinwand erscheinen die Einstellungen von dem sitzenden *Felsenbeißer* im Wald. Schon als das Monster für den ersten Dialog den Mund öffnet und blinzelt, lachen die Zuschauer. Das Ungeheuer ist wirklich hinreißend. Schließlich steckt es sich auch noch einen Felsbrocken in den Mund, beißt ein Stück ab und beginnt zu kauen. Als der *Felsenbeißer* dann auch noch versucht, mit seiner dicken Zunge ein Bröckchen vom Kinn zu lecken, gibt es spontanen Applaus. Die Figur ist ein Volltreffer. Petersen strahlt nach der Vorführung.

Zwei Zuschauer haben weniger Freude an den Bildern. Bernd Eichinger und Günter Rohrbach stehen abseits, als die anderen sich noch gegenseitig zu den gelungenen Bildern gratulieren.

Die beiden Produzenten sehen aus, als hätten sie schon tagelang nicht mehr geschlafen.

»Es wird verdammt eng«, sagt Eichinger, »aber es könnte klappen mit den Warner-Leuten.«

»Wieviel?« fragt Rohrbach.

Eichinger beugt sich zu dem *Bavaria*-Boß hinüber und flüstert ihm etwas ins Ohr, und dann strahlen beide wie zwei Buben, die sich gerade zum Kirschenklauen verabredet haben.

»Aber Dollar«, sagt Eichinger etwas lauter. »Dollar!«

Der Winzling und seine Rennschnecke

Atréju und Engiwok

Vor der Blue-Screen-Wand wird mit dem Nachtalb und der Fledermaus ein Flug simuliert

Atréju und der Glücksdrache vor der Blue-Screen-Wand

Hollywood und der Millionencoup

In der zweiten Aprilwoche wurde es hektisch in den *Bavaria*-Hallen. Die Oscar-Verleihung stand unmittelbar bevor. Keine Frage, daß alle nach Hollywood mußten, die von der Jury nominiert waren. Dummerweise waren das auch die wichtigsten Mitarbeiter aus dem Team der *Unendlichen Geschichte*.

Das Boot war schließlich für sechs Oscars vorgesehen: Petersen war nominiert worden für Buch und Regie, Jost Vacano, der auch jetzt die Kamera machte, für das Bild und Hans Nikel, der jetzt die zweite Kamera-Unit dirigierte, für den Schnitt. Wenn diese drei Leute fuhren, mußte die *Unendliche Geschichte* vorübergehend ihre Tore schließen. »Es ist eine Katastrophe, daß die alle in die USA fahren«, stöhnte Produktionsleiter Harry Nap.

Drei Tage wollten die Filmer den Glanz von Hollywood genießen, doch bis dahin mußte die Haulewaldszene abgedreht sein. Es hagelte Überstunden. Drehschluß war manchmal erst um Mitternacht. Das Pensum mußte erfüllt werden, denn während die Crew sich in Los Angeles aufhielt, sollte in der *Bavaria* ein völlig neues Set aufgebaut werden. Alles was bis zum Abflug nicht mehr gedreht werden würde, mußte die Produktion vergessen. Vor Los Angeles und den Träumen vom Großen Preis lagen harte Arbeitstage.

Deep Roy hatte in dieser Schlußphase seinen großen Auftritt. Er mußte die Rennschnecke reiten, die mit ihm durchs Set zischte. Bei diesem Wundertier hatten sich die Techniker wirklich etwas einfallen lassen: Unter der Schaumstoffhülle steckte eine geniale Mechanik. Sie machte das dreieinhalb Meter lange Schneckentier schnell wie ein Moped und beweglich wie eine Schlange. Die einzige Frage war, konnte sich Deep Roy auf dem rasenden Ungeheuer halten, wenn es auf der schmalen Schneise durch die Dekoration fetzte?

Der kleine Reiter in Zylinder und Smoking hatte schließlich keinerlei Einfluß auf die Bewegung seines Transporttieres. Gelenkt und bewegt wurde das Biest von zwei Technikern, die mit ihren Fernsteuerungen irgendwo über den Lampen in der Hallendecke saßen.

Mit gemischten Gefühlen saß der kleine Schauspieler auf seinem Reittier und krallte sich in den Sattel. »Action«, kam irgendwo über den Lautsprecher, »Schnecke ab.«

Die Techniker drehten ihre Knöpfe: Mit lautem Zischen hob sich das Wundertier hydraulisch einige Zentimeter vom Boden und stieß dabei Staub aus versteckten Düsen. Dann rissen die überstarken Elektromotoren den Vier-Zentner-Apparat vorwärts.

Die Schnecke schwankte und schlingerte über die Piste, gelenkt von den Männern an der drahtlosen Fernsteuerung, die die Kurven nur nach Augenmaß beurteilen konnten. Schon nach zehn Metern passierte es: Die Rennschnecke nahm die Biegung zu eng, Styropor und Holz flogen durch die Gegend, und das zentnerschwere Fahrzeug schoß wie ein wahnsinniges Flußpferd in die Dekoration. Wie mit einem Katapult abgeschossen zischte Deep Roy aus dem Sattel und landete – zum Glück unverletzt – auf einem Grasstück zwischen zwei Wurzeln.

Es war nicht der einzige Unfall des Tages. Die Rennschnecke kam noch öfter vom Kurs ab und bohrte sich in die Dekoration. Dann rasten jedesmal fünf Retter los, um dem Schauspieler wieder auf die Beine zu helfen, und um den kostbaren fahrbaren Untersatz zu bergen.

Es ist wirklich verblüffend, wie diese wackelige, abenteuerliche Fahrt durch die Dekoration auf dem Film zu einer gleitenden, eleganten Reise durch den Zauberwald zusammengeschnitten wurde. Besonders verblüffend auch, weil das Renntier, das in der Entwicklung und Herstellung sicher eine halbe Million gekostet hat, in drei

Drehtagen völlig aufgearbeitet wurde. Zuletzt war wirklich alles an der Schnecke ramponiert, und das kostbare Tier wurde nur noch mit Klebeband notdürftig zusammengehalten. Reiter Deep Roy hatte das Abenteuer dagegen so gut wie unbeschadet überstanden. »Als nächstes«, sagte der Schauspieler erleichtert, als seine Szenen abgedreht waren, »melde ich mich zum Rodeo.«

Harry Nap saß inzwischen unruhig in seinem Büro über der Halle 4/5 und rechnete die Ausgaben zusammen. Die Kosten für das Unternehmen kletterten stetig. Jeden Freitag rollte das Fahrzeug eines Geldtransportunternehmens auf den Hof und brachte 500000 Mark. Das waren nur die Lohngelder, die bar an die Teammitglieder ausgezahlt wurden. Viele bekamen ihr Geld auf die Bank überwiesen – von den Gehältern der Spitzenverdiener in der Produktion einmal ganz abgesehen.

Aber auch sonst verursachte der Film laufend Kosten. Die englischen Mitarbeiter, die Brian Johnson mitgebracht hatte, mußten schließlich irgendwo wohnen. Hotelzimmer und Diäten verschlangen Monat für Monat 140000 Mark. Und allein durch Überstunden hatten einige der Briten bald ihren Sold verdoppelt. Die Produktion nahm solche kleinen Tricks gern in Kauf. Schließlich waren die Engländer keine Facharbeiter, die durch irgend jemand anderen ersetzt werden konnten. Die Briten waren so gesucht, daß Dino de Laurentis noch während der Dreharbeiten versuchte, einige der Spezialisten von der *Neuen Constantin* abzuwerben. Der italienische Produzent wollte in Mexiko seinen Science-Fiction-Film *»Dune«* drehen, aber es fehlte ihm an qualifizierten Leuten.

Natürlich hätte die *Neue Constantin* irgendwann auf ein paar der Briten verzichten können. Einige deutsche Crew-Mitglieder hatten sich blitzschnell an der Seite der Engländer eingearbeitet. Doch die Trick-Spezialisten sorgten dafür, daß allzu begabte Crew-Mitglieder nicht zu viel von ihrem know-how abbekamen. Denn das war schließlich ihr Kapital. So landete mancher deutsche Kollege irgendwann auf einem abgelegenen Platz, wo sein Arbeitseifer etwas gebremst wurde.

Das war einfach ein Teil des Preises, den die *Neue Constantin* dafür zahlen mußte, daß sie zum erstenmal in Deutschland einen Film drehte, wie er bis dahin nie gemacht worden war. Noch fehlte es den Trickspezialisten an Konkurrenz. Doch daran hat sich im Laufe der Dreharbeiten einiges geändert. Inzwischen gibt es auch hier einige Leute, die mit Computern, Modellen und anderen Tricks ausgezeichnet arbeiten könnten. Bei der nächsten Produktion könnten sicher einige der Spezialisten-Jobs von Deutschen übernommen werden.

Als die Oscar-Anwärter schließlich nach Hollywood abrauschten, waren sie in geradezu euphorischer Stimmung. Natürlich wußten sie, daß die Chancen, eine der begehrten Film-Trophäen zu ergattern, mehr als gering waren, aber darüber wurde nie offen diskutiert. Man wollte das Schicksal nicht herausfordern. Nur Petersen verriet auch in diesem Punkt ganz ehrlich, was er dachte: »Hollywood ist für mich ein Zauberwort«, sagte er mir noch kurz vor der Abreise, »und so eine Oscar-Nominierung ist die Erfüllung eines Traumes. Da flippe ich regelrecht aus.«

Er konnte ganz beruhigt sein, er war nicht der einzige, der da ausflippte und Träume hatte. Kameramann Jost Vacano gestand einmal Monate später, daß er sich schon heimlich von einem amerikanischen Freund die Dankesrede hatte formulieren lassen, die jeder Preisträger hält, wenn er schließlich auf der Bühne den goldenen Burschen in die Hand gedrückt bekommt.

Am 14. April waren alle wieder zu Hause. Die Oscars waren in Amerika geblieben. Der Film *Ghandi* war der große Gewinner des Jahres geworden. Aber die Crew war trotzdem nicht unzufrieden, als sie am Morgen wieder auf dem Set stand. »Schade, daß *Ghandi* soviel abgestaubt hat«, sagte Petersen, dem noch die Zeitverschiebung in den Knochen steckte, mit verschlafenen Augen, »sonst hätten wir eine echte Chance gehabt.«

Die Träume hatten sich nicht erfüllt, aber dafür kam Bernd Eichinger mit der besten Nachricht des letzten halben Produktionsjahres zurück. »Jetzt gibt's endlich Geld«, war das erste, was er zu Produktionsassistentin Annie Nap sagte, und man merkte, daß er darauf brannte, die erfreuliche Nachricht loszuwerden. Er war sichtlich erleichtert. Trotz Direktflug von Los Angeles und obwohl er die letzten 48 Stunden sicher nicht geschlafen hatte, wirkte der Produzent so vergnügt wie schon seit Monaten nicht mehr. »Wir haben ganz schön gedealt mit den Banken. Da drüben, das ist halt Bundesliga. Ich habe selten so gezockt.« Und dann mit einem Seufzer: »Das war ganz schön knapp.«

Es war wirklich knapp! Denn die Produktionskasse der *Neuen Constantin* wurde deutlich schmaler. Dabei lag das Geld schon eine ganze Weile in Sichtweite. Eine internationale Filmfinanzierung ist ein Geschäft, das nicht nur geniale Einfälle, sondern vor allem auch Nerven wie Drahtseile und ein gutes Durchhaltevermögen erfordert. Um die Finanzierung eines Films wie die *Unendliche Geschichte* zu ermöglichen, versucht die Produktion schon im Vorfeld, die Verleihrechte auf der ganzen Welt sicherzustellen. Schließlich war Eichinger im Ausland ja nicht auf die Suche nach einem Co-Produzenten gegangen. Im Gegenteil, er wollte alle Rechte am Film selber in der Hand behalten.

Das Drehbuch war international sehr gut angekommen, die Verleihfirmen waren überall mit Garantien eingestiegen. Nur der wichtigste Markt stand noch offen: die USA.

Die Firma *Warner Brothers* hatte zwar schon vor längerer Zeit ein Angebot gemacht, doch Eichingers Vorstellungen lagen noch 50 Prozent darüber.

Bisher hatte Eichinger selbst rund fünfzehn Millionen in das Projekt gesteckt. Die *Bavaria* hing auch mit einigen

Millionen in der Sache drin, und außerdem war aus bayerischen Filmförderungsmitteln der Traumbetrag von vier Millionen für das Mammutunternehmen in Aussicht gestellt worden. Diese einmalige Zuwendung löste unter Deutschlands Filmemachern einen Aufschrei der Empörung aus. Doch der Zorn war völlig unangebracht.

Sicher hatten Eichingers gute Kontakte zu den entsprechenden Stellen diese Finanzhilfe möglich gemacht, doch das Geld ging anderen Filmern nicht verloren. Es war eine Summe, die den Förderungstopf nicht berührte. Außerdem hatten die aufgebrachten Regisseure übersehen, daß hier mehr gefördert werden sollte als nur ›ein Mammut-Film‹. Immerhin stellte die Produktion über zwei Jahre hinweg Arbeitsplätze für bis zu 150 ›Filmschaffende‹. Das Geld sollte schließlich mithelfen, das aufzubauen, wonach alle deutschen Filmer immer jammern: Eine richtige Filmindustrie.

Doch alle diese Gelder zusammen hätten nicht gereicht. Erst als die Branche, die für ihre Schadenfreude bekannt ist, schon süffisant über das Ende der *Unendlichen Geschichte* munkelte, kam die Wende: Der amerikanische Mediengigant *Warner-Brothers* hatte nachgegeben.

Wie dick das Dollarbündel war, das da aus den USA herübergerollt kam, bleibt Geheimnis der *Neuen Constantin*. Doch soviel verriet der Firmenchef nicht ohne Stolz: »Es ist ein achtstelliger Dollarbetrag.« Das waren also umgerechnet mindestens 25 Millionen Mark, und damit ließ sich auch bei einer Superproduktion wie der *Unendlichen Geschichte* ordentlich 'was anfangen.

Mit der Zusage des Geldgebers begannen für den Produzenten die Probleme aber erst. Die reichen Verleihfirmen zeichnen sich nämlich dadurch aus, daß sie ihre Finanzierungen meist mit sehr ungemütlichen Bedingungen verknüpfen. Im Filmgeschäft bedeutet das: Der Dollar rollt erst, wenn der fix und fertig geschnittene Film auf dem Tisch des Verleihers liegt. Bis dahin muß sich der Produzent auf die Suche nach einer Zwischenfinanzierung machen; nach irgend jemandem, der bereit ist, die Zusage des Verleihers bis zur Fertigstellung zu versilbern.

Mit solchen Verträgen braucht man bei deutschen Banken gar nicht erst aufzukreuzen. Also blieb Eichinger gleich da, wo das *money-making* zur Lebensphilosophie gehört. In Amerika prüfen Medienspezialisten der großen Geldinstitute, was Filmprojekte und deren Finanziers wert sind, und ob es sich lohnt, auf die Verträge etwas vorzustrecken.

Wenn etwa George Lucas heute bei einer amerikanischen Bank aufkreuzt und erklärt, er brauche 25 Millionen Dollar um *Krieg der Sterne – Teil 4* – zu drehen, kann er wahrscheinlich das Geld sofort bar mit ins Studio nehmen. Die Finanzmakler wissen, daß es kaum eine Branche gibt, in der so schnell und so viel verdient werden kann, wie im Film-Buisiness. Doch die Traum-Fabrik ist ebenso berüchtigt für ihre finanziellen Desaster.

Inzwischen hat sich auch gegen dieses Risiko in der Filmbranche ein Heilmittel etabliert. Das Zauberwort heißt: Versicherung. Allerdings eine von der besonders risikofreudigen Sorte. Denn diese Firmen garantieren den Banken, daß der Film fertig produziert wird – *unlimited,* egal was es kostet!

Dafür kassiert die Versicherung bei den Produzenten auch kräftig ab. Sechs Prozent vom Gesamtetat ist der branchenübliche Satz. Im Fall der *Unendlichen Geschichte* mußte die *Neue Constantin* also über zwei Millionen Mark zahlen.

Für Geld allein ist diese Versicherung allerdings nicht zu haben. Wenn solche gigantischen Summen im Spiel sind, will die Firma auch sicher gehen, daß die Produktion eine gute Chance hat, zur geplanten Zeit und mit dem geplanten Geld fertig zu werden ... Spezialisten des Unternehmens sichern sich das Recht zu, alle Unterlagen der Produktionsfirma, für die sie geradestehen sollen, genau zu durchforsten.

Die Agenten tauchen unauffällig am Drehort auf, beobachten Regisseur und Schauspieler, prüfen jede Mark, die in die Dekoration gesteckt wird, und sehen auf die Uhr, wenn die letzte Klappe fällt. Erst dann sind sie bereit, Verträge zu machen.

»Die sind knallhart«, sagte Bernd Eichinger nach den Verhandlungen nicht ohne Respekt, »die behalten sich das Recht vor, jederzeit in die Produktion eingreifen zu können, wenn sie glauben, daß das Projekt gefährdet ist. Die können sogar den Regisseur austauschen oder mich vom Gelände schicken, wenn es hart auf hart kommt.«

Diesmal kontrollierten die Versicherungsleute ganz besonders scharf. Denn gerade die Filme, die stark auf teuren Tricks aufgebaut sind, stehen im Ruf, ihren Etat zu überziehen. *Star Wars III* (*Die Rückkehr der Jedi-Ritter*) hatte das gerade vorgeführt und der teuerste Fantasy-Film des letzten Jahres, *Krull*, hatte zuletzt fast doppelt soviel als geplant gekostet. Doch wenn die *Neue Constantin* auch im Trickfilm-Machen noch nicht so erfahren war, die Deutschen bewiesen, daß sie rechnen konnten. Sie schafften, was so viele bezweifelt hatten: sie blieben im Budget.

Der große Wald

Riesige Bäume, die bis in den Himmel ragen, stehen um eine kleine sonnenbeschienene Lichtung. Im Gras wachsen Krokusse und exotische Blumen. Irgendwo rauscht ein kleiner Wasserfall. In einem weiten Bogen fließt ein klarer Bach durch die Idylle. Am Ufer schläft ein kleiner Junge mit langen mittelblonden Haaren. Er trägt Lederkleider, wie ein Indianer. Neben ihm grast sein braver Schimmel Artax.

Die Illusion ist perfekt. Doch die Waldidylle ist trügerisch, denn nichts ist echt. Was im Film wie eine stille Ecke im Paradies aussieht, wurde in Wirklichkeit im Studio aufgebaut: Die Krokusse sind aus Plastik, ein Teil des Waldes ist gemalt, und der Bach, der mitten durchs Set plätschert, wird von gewaltigen Feuerwehrpumpen am Leben gehalten.

Sogar bei dem Pferd wurde geschummelt. Artax, der strahlende Schimmel, ist zwar ein gelehriges Pferd, aber leider nicht weiß. So erledigte Stunt-Chef Tony Smart vor jedem Dreh eine etwas desillusionierende Aufgabe: Er ging mit zwei großen Spraydosen voller weißer Plaka-Farbe zu den Ställen und machte aus seinem grauen Vierbeiner einen prächtigen Schimmel. Das Film-Pferd ertrug solche kosmetischen Eingriffe ohne mit der Wimper zu zucken. Nur wenn sich Artax in die feuchte Wiese legen mußte, blieb ein bißchen Farbe auf dem Gras zurück. Dann mußte Tony vor der nächsten Einstellung noch mal schnell nachsprühen.

Die Atmosphäre in der großen Halle erinnerte an ein Treibhaus. Filmarchitekt Rolf Zehetbauer, der für den Film *Cabaret* einen Oscar bekam, hatte in dem neuen Set gleich zentnerweise Pflanzen verteilen lassen. Leider ist die Natur empfindlicher als die Kunstfelsen und Styroporbäume. Unter dem glühenden Scheinwerferlicht wä-

Atréju und sein Pferd Arfax

ren die Moose, das Gras und die Farne in wenigen Stunden verdorrt. Darum waren ständig drei Leute mit Gartenschläuchen dabei, das Paradies zu erhalten. Es herrschte wirklich tropisches Klima.

Die Kamera läuft. Artréju schläft. Jetzt müßte das Pferd eigentlich aufmerken und dann durch den Bach waten, um seinen Herrn zu wecken. Doch das Biest will nicht. »Go, go«, schreit Trainer Tony Smart und wedelt außerhalb des Bildes mit der Peitsche. Tagelang hatte er den Trick geprobt, aber irgendwie hat Artax keine Lust. Beleidigt stiefelt er aus dem Set. »Aus«, ruft Petersen. Die Szene muß wiederholt werden. Einmal, fünfmal, dreizehnmal – das Pferd bestimmt an diesem Drehtag das Tempo.

Der Aufwand ist enorm. Erst müssen Bub und Pferd neu in Position gebracht werden. Dann laufen die Pumpen an, bis der Bach schön gleichmäßig rauscht. Anschließend läuft Wacki mit seinem Nebelwerfer und dem großen Paddel durchs Bild. Dichter Rauch muß den gemalten Hintergrund verschleiern und den Eindruck erwecken, als ginge der gewaltige Wald unendlich tief weiter. Geschickt wedelt der Nebelmacher die Schwaden in die gewünschten Lücken. Dann wartet Kameramann Jost Vacano noch darauf, daß sich der Nebel ähnlich verteilt wie in der Einstellung vorher. Wenn jetzt das Pferd noch immer brav auf seiner Position steht, kann Petersen »Action« rufen. – Es ist wirklich ein Job für starke Nerven.

Ärger mit der Kunst

Es war früher Nachmittag und bei Kostüm-Chefin Diemut Remy gab es um diese Zeit die übliche Weißweinschorle. In dem kleinen Büro war kaum Platz zwischen Bergen von Stoffen und Schneiderpuppen mit glitzernden Kostümen. Die Wände hingen voll mit Entwurfszeichnungen. Wir sprachen gerade über eine bevorstehende Szene und rauchten Diemuts Zigaretten, als der Chef-Designer, Ul De Rico, hereinschaute.

Im Moment, in dem er die Bilder an der Wand sah, wurde er blaß. »Wo kommen die Bilder her?« fragte er Diemut und seine Stimme klang plötzlich ganz dünn und zittrig.

»Wolfgang Petersen hat sie mir vorhin zu unserer Besprechung mitgebracht«, antwortete die Kostüm-Chefin schon leicht verunsichert. Sie mochte Ul. Zwischen den beiden hatte sich eine gute freundschaftliche Zusammenarbeit entwickelt. Für Diemut Remy war es ganz selbstverständlich, daß der Regisseur die neuesten Entwürfe seines Produktion-Designers zur Besprechung mitbrachte. Doch die Zeichnungen an der Wand hatten einen kleinen Fehler: Sie waren nicht von Ul De Rico.

Wie gebannt starrte der Künstler auf die Bilder und sagte kein Wort. Dann stürzte er aus dem Büro. Er rannte in sein Atelier, packte ein paar Sachen zusammen und fuhr mit seinem Auto nach Hause. Den dramatischen Abgang hätte sich Ul De Rico ruhig sparen können, die Produktion hatte längst seinen Rausschmiß beschlossen.

In Hollywood behaupten die Leute, in jedem Film gebe es nur vier wichtige Positionen: Den Produzenten, den Regisseur, den Kameramann und den Produktions-Designer. Der Grund, warum sich diese Einsicht bisher in Deutschland noch nicht durchgesetzt hat, ist einfach: Erstens wissen viele Filmer gar nicht, was ein Produktions-Designer ist. Zweitens sind die Budgets der Filme meist zu klein, um noch eine Design-Abteilung zu finanzieren, und drittens gibt es kaum gelernte Produktions-Designers in der Bundesrepublik. Die *Neue Constantin* hatte darum auch neben Oscar-Preisträger Rolf Zehetbauer noch einen Maler engagiert: Ul De Rico. Der Künstler war schon von Dieter Geissler eingestellt worden und Bernd Eichinger hatte ihn einfach übernommen, als er dem Produzenten die Rechte an der *Unendlichen Geschichte* abkaufte.

Die Anforderungen, die an einen Produktions-Designer gestellt werden, sind hart, besonders wenn es um einen Fantasy-Film geht. Jeder Mensch kann sich ein Schloß vorstellen, oder ein Hotel oder ein Büro oder ein Taxi. Aber wie steht es um einen *Elfenbeinturm*, die *Sümpfe der Traurigkeit*, einen *Felsenbeißer* oder einen *Glücksdrachen*? Der Produktions-Designer muß diese Dinge darstellen können, und zwar so, daß sie schön, schrecklich, beängstigend, zauberhaft, auf jeden Fall so sind, so daß sie die Atmosphäre des Films verdichten. Und alles, was er zeichnet und entwirft, muß auch verfilmbar sein.

Ul De Rico heißt in Wirklichkeit Conte Gropplero di Troppenburg und ist ein empfindsamer Mensch. Die Bilder, die den Wagner-Fan bekannt gemacht haben, zeigen viel von dieser Sensibilität: Es sind geheimnisvolle Landschaften, die vergessene Sehnsüchte und verdrängte Alpträume wecken. Und zwischen den Zauberwäldern und Traumgebirgen leben in Ul De Ricos Bildern eigenartige Wesen, die aus dieser phantastischen Natur herauswachsen. Immer strahlt irgendwo ein geheimnisvolles Licht auf diesen Gemälden. »Sonnenaufgang und Sonnenuntergang«, sagt Ul De Rico, »das sind die Grenzsituationen des Tages, die ich liebe.«

Mit diesem feinen Gespür für das Phantastische hat er eine Branche auf sich aufmerksam gemacht, die ausschließlich davon lebt, Träume sichtbar zu machen. Aber leider genügt es eben nicht, ›nur‹ perfekt malen zu können, wenn man das Design-Büro einer 50-Millionen-Mark-Produktion leiten soll. Man steht unter Zeitdruck, hat Angestellte zu dirigieren und Entscheidungen zu treffen. Die Kreativität bleibt manchmal etwas auf der Strecke.

Für Ul, der am liebsten tagelang sein Atelier nicht verläßt, war diese Situation ein Alptraum. Er mußte sein Studio gegen zwei Räume auf dem *Bavaria*-Gelände tauschen. Keine aufgehende Sonne, sondern nackte Neonröhren beleuchteten die Wände, die mit Dutzenden von Entwürfen zugehängt waren. »Ich finde hier so schwer Ruhe«, beklagte sich der Maler einmal, als gerade wieder zwanzig Mitarbeiter der *Neuen Constantin* durch seine Räume gestiefelt waren. Im Flur mußte jemand einen Eimer mit Gips umgestoßen haben, denn die Besucher verwandelten das Büro mit dem anthrazitfarbenen Teppichboden im Nu in eine Baustelle. Ästhet Ul De Rico, der auch bei der Arbeit sein seidenes Halstuch nie ablegte, schaute mit einem gequälten Blick auf die weißen Fußabdrücke. Als die ungeliebten Gäste seine Bilder lobten, lächelte er. »Ich bin sehr empfindlich«, sagte er, »aber mir tut jedes Lob gut. Auch wenn es nicht ehrlich gemeint ist.«

Für diesen Job jedenfalls hatte Ul etwas zuviel Empfindlichkeit mitgebracht, wie sich später herausstellte. Kaum war Dietl gegangen, mußte sich Ul auf den nächsten Regisseur einstellen. Wolfgang Petersen wollte die Ideen seines Vorgängers nicht übernehmen. Für den Designer bedeutete das: In den Papierkorb mit den alten Entwürfen und von neuem anfangen. Jetzt drängte die Zeit, und plötzlich bestimmten knallhart kalkulierte Terminpläne die Arbeit des Malers, der »eigentlich am liebsten als Einsiedler« arbeiten würde.

Mit der Einsiedelei aber war es nichts. Die Produktion hatte ihrem Designer noch vier Leute zur Seite gestellt, die Uls Entwürfe weiterbearbeiten sollten. Aber der

Künstler wollte nicht, daß jemand anderes an seinen Ideen herumbastelte. Es waren seine *Felsenbeißer*, *Rennschnecken* und seine Wälder, Sümpfe und Berge. Es kam oft zum Krach.

Die Techniker trieben den Künstler manchmal zur Verzweiflung. Unzählige Male mußten die Figuren des Malers verändert werden. Die Mechanik, die die Biester bewegen sollte, machte manchmal neue Formen notwendig. Dann litt der Künstler, als würde da sein eigenes Kind operiert. »Ich denke, die haben die besten Techniker der Welt«, stöhnte er, »es ist ein Millionen-Film und die können noch nicht mal den *Felsenbeißer* so bauen, wie ich ihn gezeichnet habe.«

Ganz vorsichtig wurde begonnen, die Aufgaben an andere Mitarbeiter zu übertragen. So stammten die Entwürfe, die Ul De Rico am Nachmittag im Büro der Kostümbildnerin entdeckte, von seinem Assistenten Janez Plahuta-Japl. Der hatte für die Zeichnungen, die sein Chef schon seit Wochen vor sich herschob, nur zwei Tage gebraucht.

Es muß noch einmal klargestellt werden: Es war Ul De Rico, der das Konzept der *Unendlichen Geschichte* entworfen hat, aber es waren auch seine Assistenten, die diesem Konzept eine verfilmbare Form gegeben haben – besonders nachdem ihr Chef entlassen war.

Da griff die *Neue Constantin* zu einem Trick, der schon seit den Gründertagen von Hollywood Tradition hat. Wenn damals jemand in den großen Studios gefeuert wurde, dann besetzte man erst seinen Parkplatz im Hof, ersetzte das Namensschild an der Bürotüre durch das des Nachfolgers, tauschte die Sekretärin aus und sprach erst dann dem überraschten Mitarbeiter die Kündigung aus.

Im Fall Ul De Rico ging man den direkteren Weg, aber doch ganz in der alten Film-Tradition. Über Nacht ließ die Produktionsleitung alle Schlösser des Art-Departments austauschen. Als der Maler am frühen Morgen des fünften April in sein Büro wollte, paßten die Schlüssel nicht.

Wütend lief Ul De Rico zu Co-Produzent Dieter Geissler, dem die unangenehme Aufgabe übertragen worden war, den Chef-Designer zu entlassen. »Ich muß Ihnen mitteilen«, sagte Geissler knapp, »daß Sie seit Ende März nicht mehr bei uns beschäftigt sind.«

Damit war die *Neue Constantin* ihren kostspieligen Mitarbeiter los. »In gutem Einvernehmen«, wie es immer offiziell heißt.

Es ist wahrscheinlich bezeichnend für das Filmgeschäft, daß sich die Produktion nach einigen Monaten mit dem verstoßenen Künstler wieder versöhnte. Schließlich malte Ul De Rico auch noch den ungewöhnlich schönen Entwurf für das Filmplakat der *Unendlichen Geschichte*.

Das Storyboard

Es gibt eine alte Regel beim Fantasy-Filme-Machen, die besagt, daß der Film nur so gut werden kann wie das Storyboard, das ihm zu Grunde liegt. Im Klartext bedeutet das: Jede Szene des Drehbuchs muß gezeichnet werden. Und zwar so genau, daß sich sogar schon die Kameraposition exakt festlegen läßt.

Die Vorteile eines solchen Storyboards sind offensichtlich. Der Film läßt sich von vornherein fast auf die Sekunde genau ausrechnen. Da man außerdem genau sehen kann, wie die einzelnen Bilder aussehen, lassen sich die Kosten leichter kalkulieren. Werden bestimmte Einstellungen zu teuer, lassen sich mit Hilfe eines neuen Storyboards neue, billigere Einstellungen entwickeln.

Die Zeichnungen zeigen exakt den Bildausschnitt. Für jede Szene entstehen auf diese Weise etwa 50 Zeichnungen. Hintereinandergehängt kann man aus diesen Bildern den ganzen Film, wie in einem Comic-Strip, ›lesen‹.

Storyboard-Zeichnungen

Insgesamt müssen bei einer Filmlänge von 90 Minuten etwa 5000 Zeichnungen angefertigt werden. Jedes Bild ist im stark verkleinerten Cinemascope-Format gemalt, so wie es später auf der Leinwand zu sehen ist. Außerdem steht bei jeder Zeichnung eine kurze Erklärung über die Kamerabewegung, die in dieser Einstellung stattfinden soll, und in einer Code-Zahl die entsprechende Textstelle im Drehbuch.

Bereits beim Bau des Bühnenbildes ist das Storyboard eine gewaltige Erleichterung. Da der Kameraausschnitt festgelegt ist, sparen sich die Bühnenarchitekten teure Ausbauten, die später von der Kamera vielleicht nie ›gesehen‹ werden. Der Regie hilft das Board bei der Vorbereitung zur Inszenierung, und für die Produktion ist es eine Diskussionsgrundlage bei Änderungsideen.

Oft sind die Storyboards wahre Kunstwerke. Bei der *Unendlichen Geschichte* zeichnete Plahuta-Japl, genannt Juan, die Bildgeschichte zusammen mit drei Assistenten. Dazu malte Earnie Kollar von jeder Szene noch ein großes Bild in Farbe. Traumhaft schöne Gemälde, die die Storyboard-Leute einschließen mußten, weil ein ganzer Haufen Leute vom Set versuchte, ihnen die Dinger fürs heimische Wohnzimmer abzuhandeln.

Normalerweise soll das Storyboard lange vor Drehbeginn auf dem Tisch der Produktion liegen. Doch davon konnte natürlich keine Rede sein bei der *Unendlichen Geschichte*. Hier wurde das Drehbuch ja erst knapp zum Produktionsstart fertig. Es passierte häufig, daß, wenn die Zeichner eine Szene fertig hatten, gerade das Buch wieder umgeschrieben wurde, und die Arbeit noch einmal von neuem begann.

»Irgendwann«, erinnerte sich Juan, »haben wir angefangen, einfach Szenen aus dem Ende-Roman zu malen. Nur damit wir hier mal was in der Hand hatten.«

Bei Dietls Drehbuch hatten die Storyboard-Leute sehr schnell gezeigt, daß das ganze Konzept viel zu teuer war. Später, beim letzten Drehbuch, malten sie oft abends erst die Szenen, die am Tag darauf gedreht wurden. Immerhin, nachdem Ul De Rico abgesetzt war, entwickelten die Zeichner eine atemberaubende Geschwindigkeit. Juan zeichnete einmal 90 Bilder in drei Tagen!

Geschwindigkeit ist das ganze Geheimnis der Storyboardler. Und sie müssen in der Lage sein, optisch zu denken. Juan hatte eine Technik entwickelt, bei der er schon während eines Gesprächs über eine neue Szene die Bildfolge mitzeichnete. In kaum einer Stunde entstanden so etwa 20 briefmarkengroße Bildchen, auf denen die

Handlung mit weichen, flachen Bleistiftstrichen skizziert war. Ein paar Änderungswünsche von Kameramann und Regisseur, dann konnte aus diesem ›Zeichen-Steno‹ ein Storyboard umgeformt werden.

Vor allem eine Abteilung hätte ohne fertiges Storyboard ihre Arbeit gar nicht aufnehmen können: die Modell-Film-Crew.

Die Modelle

Während der Dreharbeiten war Alkohol am Set, ganz nach amerikanischem Vorbild, verboten. Dafür trank das Team den Kaffee gleich eimerweise: insgesamt 252000 Tassen! Es gab nur einen Platz auf dem ganzen Gelände, wo Kaffee etwa so verpönt war wie Milchshakes in Harry's New-York-Bar: In der Halle 10, dem Motion-Control-Studio der Engländer. Hier wurde nur Tee getrunken – britischer Tee selbstverständlich.

Die Auflösung des Films, das heißt wie die einzelnen Szenen, die an verschiedenen Plätzen gedreht wurden, später zusammengefügt würden, war dermaßen kompliziert, daß auch viele Mitglieder aus dem Film-Team nicht immer durchblickten. Aber es gab ein Set, in dem sich alle wie in der Alchimisten-Küche fühlten, und das war die Halle 10 – die Bühne von Film-Zauberer Philip Knowles. Zwei Phänomene zeichneten den »Spielplatz« des Engländers und seiner Crew aus. Erstens war es in der Motion-Controll-Halle immer stockdunkel; zweitens tippte in einer Ecke ständig jemand Programme in einen Computer. Das Ganze sah wirklich nicht nach viel aus; trotzdem haben erst die Tricks aus der Halle 10 der *Unendlichen Geschichte* die phantastische optische Dimension gegeben.

Alleine die Tests und die technischen Aufbauten in der Trick-Halle hatten vier Monate gedauert. Kernpunkt der ganzen Anlage war eine fünfzehn Meter lange Schiene, die auf einen festgegossenen Zementsockel quer durch die Halle montiert war. Auf dieser Trasse konnte die Kamera völlig erschütterungsfrei hin- und herbewegt werden, und darauf kam es an. Ohne Modelle hätte die ganze Produktion nicht funktioniert. Denn noch so eine große Halle und noch so eine große *Blue-Screen*-Wand reichen nicht aus, wenn etwa der berühmte *Elfenbeinturm* in der Totalen gezeigt werden soll.

Man kann den Turm natürlich auch einfach malen. Aber das reicht nur, wenn der Riesenbau, der nach Drehbuchanweisung ja bis in den Himmel reichen soll, von Ferne gezeigt wird. Schwieriger liegt der Fall, wenn Atréju auf dem *Glücksdrachen* oder der *Nachtalb* mit seiner Fledermaus auf dem Rücken auf den Riesenbau zufliegen und ihn schließlich sogar umrunden. Die Lösung ist seit den Kindertagen des Filmtricks immer die gleiche: Ein Modell muß her. Dann kann die Kamera auf das Modell zufahren und so zum Beispiel einen ›Anflug‹ simulieren.

Der *Elfenbeinturm*, der schließlich in der Halle 10 aufgebaut wurde, war etwa drei Meter hoch. Eine schroffe Felskonstruktion, aus deren Mitte eine schlanke weiße Säule hinaufschießt – auf deren Spitze sich eine Kuppel befindet. Das Modell allein ist schon ein Kunstwerk. In die Felswände aus Plastik wurden Hunderte von winzigen Löchern gebohrt, aus denen das Licht versteckter Halogenscheinwerfer strahlt. Eingebaute Ventilatoren verhinderten, daß es in der Plastikkonstruktion zu heiß wurde. Um das Ganze noch echter erscheinen zu lassen, wurden die ›Felsen‹ noch zusätzlich mit winzigen Pflanzen beklebt und mit speziellem Staub behandelt.

Im zweiten Schritt muß die Kamera präpariert werden, die langsam auf den Turm ›zuschwebt‹. Das Wichtigste dabei: Die Bewegung mußte völlig ruckfrei sein; und wie bei einem Flug muß sich die Kamera in sanften Auf- und Abbewegungen auf ihr Ziel zubewegen. Von Hand gesteuert wären solche Aktionen auf so kurzem Raum überhaupt nicht durchzuführen. Alle Bewegungen werden daher vom Motion-Control-Computer gesteuert. Um wirklich erschütterungsfrei zu arbeiten, denn der kleinste Wackler würde auf der Leinwand wie ein gewaltiger Ruck aussehen, arbeitet der Elektronenrechner quälend langsam. Pro Sekunde macht die Kamera nur ein Bild. Dabei wird sie kontinuierlich mit allen Auf- und Ab- oder Hin- und Her-Bewegungen auf den Turm zugefahren.

Normalerweise laufen im Kino die Filme mit 24 Bildern in der Sekunde ab. Wenn die Trickleute also zehn Kinosekunden drehen wollen, muß ihre Kamera sechs Minuten laufen.

Doch die Sequenzen sind oft viel kürzer. Durchschnittlich schafften Philip Knowles und seine Leute nur drei Kinosekunden am Tag. Was als ordentliche Leistung galt.

Daß die Trickeinstellungen immer nur so kurz zu sehen sind, hat seinen guten Grund. Das menschliche Auge läßt sich nur bedingt täuschen. Ein reines Trickset, auch wenn es noch so perfekt ist, hält dem kritischen Blick des Zuschauers nur eine bestimmte Zeit stand. Zehn Sekunden gelten daher etwa als äußerste Grenze dessen, was man dem Kinobesucher zumuten kann, ohne daß er anfängt, über den Trick nachzudenken.

Die Einstellungen bleiben also immer nur wenige Sekunden stehen, dann schneidet der Film auf das nächste Bild um. Schon einige Momente später kann man dem Zuschauer wieder den Trick vom Anfang zeigen. »Wenn der Film spannend genug ist«, sagte Philip Knowles, und der muß es schließlich wissen, »haben die Leute schon nach ein paar Sekunden den Trick vergessen, und du kannst ihn sofort noch mal vorführen.«

Die Engländer mußten tief in ihre Trickkiste greifen, denn das Drehbuch stellte noch kompliziertere Forderungen. In einer der letzten Szenen bricht Phantásien mehr und mehr auseinander. Schließlich ist nur noch der gewaltige Elfenbeinturm übrig, der auf einem Fetzen Land durch das Weltall fliegt. Nach und nach lösen sich dabei immer mehr Brocken von dem phantastischen »Raumschiff« ab.

Dafür hatten die Spezialisten einen zweiten Elfenbeinturm gebaut. Dieses Modell war nur noch einen knappen Meter groß. Von der äußeren Form entsprach es aber exakt dem großen Modell. Jeder Felsen und jedes der endlos vielen beleuchteten Fenster war genau nachgebildet worden. Nur stand dieser Elfenbeinturm auf einer Art

Felssockel, der wie ein Puzzelspiel an vorbestimmten Linien auseinanderbrechen konnte.

Damit die einzelnen Brocken aber nicht alle nach unten wegfielen, sondern auch quer aus dem Bild schwebten, benutzten die Briten einen lächerlich einfachen Trick: Sie kippten die Kamera und den Turm einfach in die Waagerechte. Alles, was jetzt nach unten aus dem Bild fiel, erschien nachher, wenn das Bild aufrecht projeziert wurde, so, als segelte es waagerecht nach links oder rechts davon.

Der Computer steuerte auch diesmal alle Bewegungen. Dabei stand die Kamera fest, und die Elektronik drehte das Modell und löste die Steine aus. Das elektronische Gedächtnis hatte noch einen Vorteil. Jede Bewegung wurde gespeichert und ließ sich auf Bruchteile von Milimetern exakt wiederholen. Auf diese Weise waren fast beliebig viele Doppelbelichtungen möglich. Etwa bei der Szene in der Dutzende von riesigen Gesteinsbrocken durch das Weltall fliegen. Alle diese Brocken wurden nacheinander gefilmt. Immer wieder auf das gleiche Material. Nur der Computer »wußte« wo auf dem Negativ noch Platz war.

Noch ein paar Details für Kamera-Freaks: Modell-Kameras haben eine Besonderheit, was ihre Bewegungsmöglichkeit betrifft. Bei allen Schwenks dreht sich das Gerät um einen angenommenen Punkt in der Achse des Objektivs. Die Amerikaner nennen diesen Drehpunkt »Noodle-Point«. Der Unterschied wird erst beim fertigen Film deutlich. Eine Kamera, die auf herkömmliche Art mit einem Schwenkkopf bewegt wird, zeichnet die Modellbilder immer so auf, als hätte eben irgend jemand »nur ein Modell« abgefilmt. Wurden die gleichen Bewegungen über den »Noodle-Point« gedreht, bekommt die Tricklandschaft plötzlich eine echte Tiefe.

Tricksets zu bauen ist eine Wissenschaft für sich. Ein großer Könner in diesem Metier ist Johann Iwan Kott. Besonders schwierig ist es, wenn, anders als beim Elfenbeinturm, das Modell einem Originalset nachempfunden werden muß. Jetzt müssen plötzlich alle Teile genauso wie in Wirklichkeit aussehen, denn der Zuschauer hat ja Vergleichsmöglichkeiten. Eines der schönsten Tricksets war das Modell der *Sümpfe der Traurigkeit*. Der Originalsumpf war in der Halle 4/5 auf 3000 Quadratmetern aufgebaut worden. Das Trickset war nur noch knapp zehn Quadratmeter groß.

Das Problem an der Sache ist: Bäume, Gräser oder Pflanzen lassen sich nicht beliebig verkleinern.

Um etwa einen Baum 25mal kleiner als in Wirklichkeit zu bauen, kann man nicht einfach einen kleinen Baum nehmen. Die Struktur der Rinde schrumpft schließlich nicht mit. Der Trick besteht also darin irgend etwas zu finden, das genauso aussieht wie ein verdorrter Baum, aber eben kein Baum ist.

»Ich habe wirklich lange gesucht«, stöhnte Johann Iwan Kott als er schließlich das Modell der Sümpfe fertig hatte, »dann habe ich kleine Wurzeln als vertrocknete Bäume eingesetzt.« Schwieriger war es mit den Farnkräutern, die zu Dutzenden im Orginalset vorkamen. Schließlich fand der Trickarchitekt ein bestimmtes Moos aus Irland, das eine ähnlich Struktur aufwies. Verkleinert werden mußte auch der Schlamm, der im Modell nur noch aus Torf und Tapetenkleister bestand, damit er dichter wirkte.

Echte Probleme gab es bei dem Nebel, der in der großen Halle einfach mit dem Nebelwerfer produziert wurde. Auf dem kleinen Modell funktionierte die Sache nicht. Der Rauch stieg immer sofort nach oben und blieb nicht wie geplant nur Zentimeterdick auf dem Boden liegen. Die Lösung hieß zuletzt: Trockeneis. Doch auch damit waren die Komplikationen noch nicht restlos aus der Welt geschafft.

Die starken Studiolampen von über 100000 Watt und die hohe sommerliche Außentemperatur, erhitzten das kleine Modellset so stark, daß der Trockeneisnebel sofort verdampfte. Schließlich wurde das ganze Zehn-Quadratmeter-Set von unten durch ein System von Kühlschlangen abgekühlt. Außerdem bauten die Techniker ein großes Plastikzelt um das gesammte Modell, in das ständig Kaltluft geblasen werden mußte. Die Scheinwerfer wurden nur noch minutenlang während der Aufnahme eingeschaltet.

Die Sache klappte von da an wirklich perfekt. Es gab nur eine Kleinigkeit, die niemand einberechnet hatte: Den Kameramann.

Franz Rath, der in diesem Fall die Kamera bediente, hatte einen »eiskalten« Job. Die ganze Aufnahmetechnik war so tief in einer Ausspaarung des Modells versenkt worden, daß man später den Eindruck hatte, die Kamera befände sich in Augenhöhe. Der Erfolg war, daß die kühlen Trockeneisnebel dem Kameramann ständig in die Nase waberten. In wenigen Tagen hatte sich Franz Rath eine Bronchitis zugezogen. Von da an schützte sich der Kameramann mit einer Gasmaske gegen die kalten Aufnahmen.

Der Verbrauch an Trockeneis auf diesem und andern Sets war im übrigen gewaltig: Insgesamt löste die Produktion für ihren künstlichen Bodennebel achtzehn Tonnen von dem kostbaren chemischen Stoff auf!

Landschaften, Elfenbeinturm, Höhlen und Berge waren aber nicht die einzigen Modelle, die für die *Unendliche Geschichte* gebraucht wurden. Durch die kolossalen Größenunterschiede war es manchmal auch notwendig, Menschen oder Creatures verkleinert nachzubauen. Besonders dann, wenn sie sich gleichzeitig in demselben Bühnenbild bewegen mußten, oder sogar umeinander herumliefen. In Situationen also, in denen die *Blue-Screen*-Anlage nicht helfen konnte. Für den Bau dieser Puppen gab es natürlich auch einen Speziallisten: Francis Coates.

In der Werkstatt dieses Engländers sah es immer aus, wie in einem Spielzeugladen. Köpfe, kleine Füße und Hände aus Gummi lagen auf den Werkbänken. Die

Modell von Engiwok

Gesichter der Figuren waren ihren lebenden Originalen so echt nachempfunden, daß sie einen wirklich erschrekken konnten. Der Ausdruck stimmte haargenau, und zusammen mit den verkleinerten Kostümen sahen sie eigentlich immer aus wie die Karrikaturen der wirklichen Schauspieler.

In der gleichen Werkstatt saß auch Jez Harris. Er baute den kleinen Figuren das Leben ein. Schließlich mußten die Puppen sich ja auch bewegen können. Die Mechanik, die Jez in die winzigen Arme, Beine oder Köpfe einbaute, war wirklich filigran wie in einer Uhrmacherwerkstatt.

Da gab es Mini-Elektromotoren, die Augen auf- und zuklappten. Oder feine Drahtseile, die die Gelenke einer Drei-Zentimeter-Hand zur Faust zusammenziehen

Sidney Bromley als Engiwok

konnten. Meist genügte es allerdings schon, wenn die Puppen nur ganz einfache Bewegungen ausführten, etwa den Kopf drehten oder mit dem Arm winkten; Dinge, die per Fernsteuerung ausgelöst werden konnten. Die Größe der Figuren von etwa 40 Zentimeter ließ nur ganz bestimmte mechanische Lösungen zu. Nur in einem Fall wurde von den Trickleuten mehr verlangt: *Fuchur*, der Glücksdrache, sollte mit schlängelnden Bewegungen und Atréju auf dem Rücken durchs Bild fliegen.

Das Problem an der Sache war: Der Originaldrache war etwa 15 Meter lang und nur in einzelnen Teile zu bewegen. Also baute Francis Coates ein 40-Zentimeter-Modell. Das Innenleben bestand aus einer komplizierten Konstruktion von Dutzenden kleiner Gelenke, mit denen sich jede beliebige Bewegung »einstellen« ließ. Zunächst hatte der Engländer die Aufgabe, den Mini-Drachen seinem riesigen Original exakt nachzubauen. Wirklich eine Sisyphus-Arbeit, denn der Körper des großen *Fuchur* war mit Zehntausenden von handtellergroßen, schillernden Plastikschuppen und 100 Kilo rosafarbener Angorawolle bedeckt.

Für das Modell wurden entsprechende Schuppen aus sehr viel dünnerem Material, das aber genauso schillern mußte, nachgepreßt. Insgesamt klebte Assistentin Ute Trinks 2000 solcher Schuppen auf den Schaumstoffkörper. »Ich bin fast verrückt geworden«, sagte die Münchnerin, die in der Produktion den ungewöhnlichen Job einer Creature-Kostümbildnerin ausübte und auch schon den 15-Meter-Drachen »angezogen« hatte, »die Kleinsten der Schuppen hatten gerade noch Stecknadelkopfgröße!«

Statt Wolle klebte die Puppen-Abteilung schließlich eingefärbtes Kaninchenfell auf den Mini-Drachen. »Man findet für alle Modelle ein Material, das dem Original entspricht«, verriet Puppen-Chef Francis Coates, »nur eine Sache ist noch nicht gelöst: Wasser. Wasser läßt sich einfach nicht verkleinern. Wenn man da unter eine bestimmte Modellgröße geht, dann sieht das einfach immer aus wie die Seeschlacht in der Badewanne.«

Mit dem Drachenmodell war natürlich das Hauptproblem noch nicht gelöst. Schließlich sollte das Biest sich ja auch noch bewegen und durchs Bild fliegen. Allein für diese Bewegungen gab es von Anfang an eine eigene Kamera-Trick-Abteilung. David Adams und seine Assistenten hatten sich im Keller einer Halle einquartiert. Die Kamera, die die beiden Engländer benutzten, sah nach nichts aus, aber der Computer, mit dem das Team arbeitete, hatte es wirklich in sich: Das Elektronikgehirn steuerte kleine Servomotoren, die dünne Stangen bewegten, an denen der Modelldrache montiert war. Die ganze Konstruktion erinnerte ein wenig an chinesische Puppenspiele, bei denen die Figuren auch von unten mit feinen Stäbchen geführt werden.

Mit Hilfe dieser Konstruktion waren gleichzeitig 24 Bewegungsrichtungen an dem Modell möglich. Durch einen raffinierten optischen Trick konnten die Führungsstäbe während der Aufnahme unsichtbar gemacht werden. Es war wirklich eine teure und aufwendige Abteilung, die da unten wie in einer Katakombe arbeitete. Fast ein halbes Jahr probierten die Spezialisten immer neue Computerprogramme aus, denn dieser Trick war noch nie zuvor gemacht worden. Wie viele andere Dinge in diesem Film war er für *Die unendliche Geschichte* erfunden worden.

Die Suche nach einer Kaiserin

Das winzige Video-Studio von Uwe Bendixen war mit dicken staub-schluckenden Molton-Stoffbahnen abgehängt: Die einzige Möglichkeit, um die empfindlichen Geräte vor dem Dreck in der Halle zu schützen. Der Nachteil dieser Konstruktion war nur, daß es in dem Fünf-Quadratmeter-Zelt stickig wie in einer Sauna wurde. Es war der 16. Mai. Die Dreharbeiten wurden wie immer pünktlich bis um 19 Uhr beendet, als der Video-Spezialist in seine provisorische Dunkelkammer am Set bat. Anna Gross, die Casting-Frau in Hollywood, hatte neue Video-Tapes geschickt.

Gespannt standen Bernd Eichinger und Wolfgang Petersen in dem winzigen stickigen Raum. Es wurde langsam Zeit, die Rolle der *Kindlichen Kaiserin*, dem kleinen Mädchen, das Phantásien regiert, zu besetzen. Nur noch wenige Wochen, dann würde das Set fertig sein, in dem die Kaiserin ihren Auftritt haben sollte.

»Hallo Wolfgang«, hauchte ein Nymphchen vom Fernsehschirm herab. Es war nicht zu fassen, was die ehrgeizigen Eltern in Los Angeles mit ihren Töchtern veranstalteten, nur damit sie die Rolle in diesem Film bekämen. Wolfgang Petersen zeigte sich von dem Video-Gruß unbeeindruckt. »Die sieht ja aus wie Belmondo«, murmelte er.

»Aber sie spielt leider nicht so gut«, kommentierte Bernd Eichinger.

Die Mädchen hatten meist ein paar Zeilen aus dem Drehbuch gelernt, die sie artig vor der Video-Kamera aufsagten. Die nächste Prinzessin war auf »Hollywood-Queen« zurecht geputzt. Die Eltern hatten ihr ein verbogenes Perlenkrönchen ins Blondhaar gesteckt. Ihr Auftritt war wie schlechtes Schülertheater. »Um Gottes willen fahr weiter, Uwe«, stöhnte Petersen.

Eine Dunkelhaarige war von ihren Eltern in Kommu-

Der Felsenbeißer

Atréju und sein Pferd Artax im Großen Wald

Fudmo, der Glücksdrache

nionstüll gezwängt worden, der ihr schon vor zwei Jahren kaum noch gepaßt hatte. Sie sah aus wie Doris Days altkluge Tochter. »Die sieht ein bißchen aus wie Nastassia Kinski«, Bernd Eichinger klang erfreut.

»Aber leider nicht im Gesicht«, kam es aus der Dunkelheit. Sicher waren die Mädchen stundenlang von ihren Eltern zurechtgemacht und dann vor die Kamera gescheucht worden. Zum Glück mußten sie nicht miterleben, wie hier in Sekunden und mit knappen Sätzen ihre Hoffnungen untergingen.

»Die ist doch höchstens fünf«, sagte Petersen gerade, »wir müssen mal irgendwo eine Untergrenze setzen.«

»Gibt's denn nix Exotisches?« fragte der Produzent enttäuscht, »'ne Thailänderin oder so was!«

Gab es nicht. Zumindest nicht unter den 15 Girls die sich mit diesem Band vorgestellt hatten. Die Produktion war sich uneinig darüber, nach welchem Typ man genau suchen sollte. Jung sollte sie sein; etwa zehn Jahre. Aber spielen sollte sie auch können – und zwar hervorragend. Denn die Rolle der *Kindlichen Kaiserin* verlangte einiges von der Darstellerin.

Hübsche kleine Mädchen gibt es in Hollywood wie Sand am Meer, aber gute Schauspielerinnen sind selten darunter. Anna Gross verzweifelte langsam bei ihrer Suche quer durch Kalifornien. Insgesamt sah sie sich 300 Kaiserinnen an, aber keine gefiel ihr.

In ihrer Verzweiflung fuhr Anna schließlich an einem Wochenende nach San Francisco und ging in die Schulen. Es war reiner Zufall, daß sie Tami Stronach entdeckte. Das kleine blonde Mädchen trat in einer Schultheater-Aufführung auf.

Es war ein Tennessee-Willams-Stück, und Anna Gross war nur hingegangen, weil es an diesem Nachmittag sowieso nichts mehr zu tun gab.

»Als ich Tami sah, war ich wie verzaubert«, erinnerte sich Anna an die Aufführung, »sie war dermaßen gut, daß ich sprachlos war.«

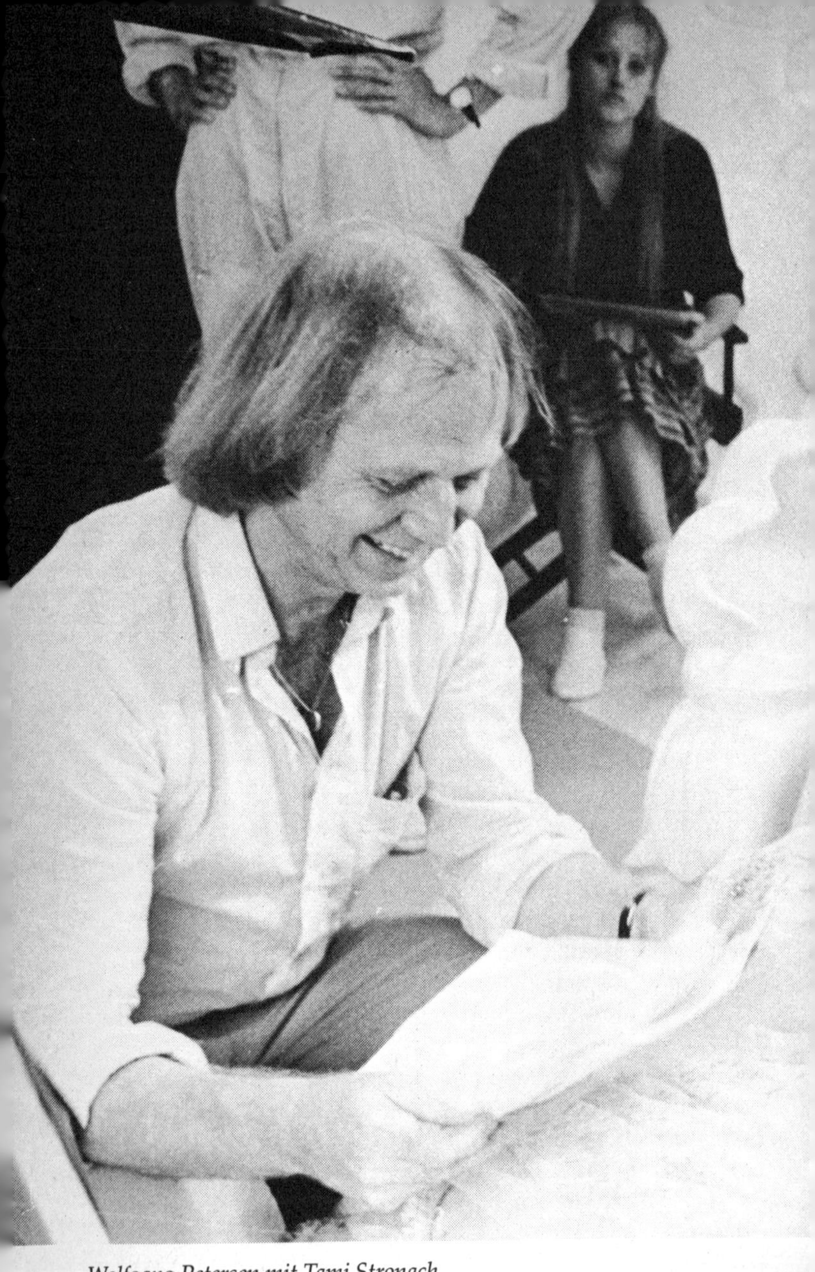

Wolfgang Petersen mit Tami Stronach

Die Produktion wollte das Mädchen sofort sehen. Sie sollte mit dem nächsten Flugzeug, zusammen mit ihrer Mutter, nach München kommen. Doch beinahe ging die Sache schief. Tami hatte an diesem Tag einfach keine Lust, Filmstar zu werden. Sie hatte in den nächsten Tagen Ballettstunden, und die waren ihr wichtiger.

»Es hat wirklich meine ganzen Überredungskünste gefordert, damit ich sie von ihren Plänen abbringen konnte.« Anna hatte es schließlich doch geschafft. »Ich wußte einfach: die muß her, die ist richtig.«

Wie gut die Agentin in Hollywood gewählt hatte, sollte sich erst einige Wochen später zeigen. An dem Tag, als Tami in der *Bavaria* ihren ersten großen Auftritt hatte.

Jede Menge Sand

Eines Morgens im Mai wurden an alle Teammitglieder in der Halle 4/5 Staubmasken ausgegeben. Zunächst hatte niemand Lust die unbequemen Dinger über's Gesicht zu stülpen. Aber bis zum Nachmittag liefen alle herum als müßten sie gerade zu einer Herzoperation antreten. Kein Wunder: Architekt Zehetbauer und seine Assistenten hatten wieder einmal ganze Arbeit geleistet: Mit Tonnen von feinstem Sand wurde das Riesenstudio in eine Wüstenlandschaft verwandelt.

Erst wollten es die Bühnenbildner mit deutschem Sand versuchen. Doch das Zeug sah immer nur aus wie eine große Kiesgrube. Darum gab es nur eine Lösung – echter Wüstensand mußte her. Jetzt lag er 40 Zentimeter hoch auf dem Set, original Afrika-Sand aus Tunesien. Irgend jemand aus dem Büro Zehetbauer hatte das Zeug in Italien aufgetrieben. Weiß der Teufel, wie es dahin gekommen war; aber es entsprach genau den Wünschen: fein, gelb und staubig bedeckte es alles im Studio.

»Wind ab«, rief Regieassistent Don French und ein braver *Bavaria*-Angestellter startete den Flugzeugpropeller, der von einem alten VW-Motor getrieben wurde. Zwei weitere Bühnenarbeiter kippten säckeweise Sand in den Luftstrom, denn an dieser Stelle hatte das Drehbuch einen Sandsturm vorgesehen, durch den sich Atréju nach vorn kämpfen mußte. Der Effekt dieses künstlichen Sturms war verheerend. Innerhalb von Sekunden verwandelte sich das Set in einen riesigen Wirbelsturm. Man konnte kaum noch die Hand vor Augen sehen. Wer die Maske abgelegt hatte, versuchte sich noch nach Stunden mit Bechern von Kaffee den knirschenden Sand aus den Zähnen zu spülen.

Für Kameramann Jost Vacano war die Sache perfekt. Genauso hatte er sich den Sturm vorgestellt und seine

Optischer Trick: In Wirklichkeit steht Engiwok 15 Meter hinter Atréju

Kameras vorher luftdicht in Plastikhüllen verpacken lassen. Die Dreharbeiten im Sand dauerten über drei Wochen, und solange knirschte und staubte alles, was sich in der Halle befand.

In die Wüsten-Periode fiel auch das Set von der Höhle der beiden Gnome *Urgl* und *Engiwok*. Es war ein märchenhaftes Felsplateau, auf dem die Behausung der beiden Zwerge etwa nur kniehoch war. Von dem Plateau aus führte eine provisorische Seilbahn auf einen Aussichtsfelsen, wo ein Fernrohr plaziert war. Atréju mußte auf diesem Plateau hin und her turnen und seine Partner, die beiden »Kleinen« waren Puppen. Sogar die kleine *Urgl*, die das Handrad dreht, ist künstlich, genau wie ihr Mann *Engiwok*, der sich von seinem fleißigen Frauchen im Korb auf das Plateau ziehen läßt. Wenn er dabei mit seinem Besucher Artréju, der neben ihm klettert, sprechen kann, dann nur, weil sein Mund per Fernbedienung auf und zu bewegt wird.

Der Effekt im Film ist wirklich verblüffend. Um so mehr, als der *Engiwok*, der schließlich mit Atréju vor dem Fernglas steht, der echte Schauspieler Sydney Broomley ist. Daß der 75jährige Star dem Knaben dabei nur knapp bis über das Knie reicht, liegt an einem einfachen optischen Trick. Wenn der große Bub mit dem kleinen Mann spricht, dann sieht es eben nur so aus, als stünden die beiden voreinander. In Wirklichkeit steht der erwachsene Mann zwar in gleicher Höhe, doch etwa fünfzehn Meter weiter im Hintergrund. Mit fester Kameraposition, sehr viel Licht und entsprechend großer Schärfentiefe, entstand die perfekte optische Täuschung. Alles klappte wie am Schnürchen, nur der Drache spielte nicht mit.

Genauer gesagt war es nur ein etwa zehn Meter langer Rückenteil des liebenswerten Ungeheuers, der zunächst vor der Höhle mit ins Bild kommt. Doch schon am ersten Drehtag versagte das Biest. Die Plastikschuppen vertrugen die Hitze der taghellen Studioleuchten nicht und wölbten sich nach außen wie eine vertrocknete Schlangenhaut. Wochenlang war die Drachenhaut vorbereitet worden, jetzt ging das teure Vieh in Minuten kaputt. In einem Gewaltakt wurde *Fuchur* repariert: Knapp 50 Stunden saßen die Creature-Leute über's Wochenende an dem Tier und klebten ihm neue Schuppen auf.

Doch auch mit dem neuen Panzer war das Ungeheuer noch nicht perfekt. Der Kopf stimmte nicht. Arthur Collin war für das Gesicht des Monsters zuständig, aber der Maskenbildner hatte seine Probleme. Schon zweimal war Petersen gekommen und hatte das Tier abgelehnt. Der erste Entwurf sah aus wie Pluto, später erinnerte der Drache an Goofy – behaupteten seine Erbauer. Es war zum Verrücktwerden, aber wie sollte ein Glücksdrache auch aussehen? Sympathisch, aber nicht lächerlich – so lautete die Forderung des Regisseurs.

Die Produktionsleitung war stocksauer, als sich die Fertigstellung des Kopfes mehr und mehr verzögerte. Drehtermine mußten verschoben werden. Der Drache begann wirklich teuer zu werden.

Schließlich wurde bereits seit Monaten mit Tonnen von Gips an der Schlüsselfigur unter den Creatures gebaut.

Der konstruktive Vater des Glücksdrachens war der Italiener Giuseppe Tortora. Der Leonardo da Vinci unter den Creature-Ingenieuren hatte sein Talent erst relativ spät entdeckt. Bevor er zum Film kam, hatte Giuseppe zwölf Jahre lang in Rom beim TÜV gearbeitet und Espresso-Maschinen auf ihre Sicherheit überprüft. Irgendwann hatte er dieses Leben dann statt. Er hängte seinen grauen Anzug und die gestreifte Trevira-Krawatte in den Schrank, zog sich seine Jeans und ein bequemes Hemd an und betrat nie wieder sein Büro.

Dieser Italiener war der geborene Erfinder. Zunächst experimentierte er mit Modellflugzeugen und baute ganz nebenbei den kleinsten Dieselmotor der Welt. Das winzige Ding ist so groß wie ein Fünfzig-Pfennig-Stück, wiegt zwölf Gramm und wenn er losknattert rast sein Mini-Kolben mit 16000 Umdrehungen in der Minute im 0,01-

Colin Arthur bei der Arbeit

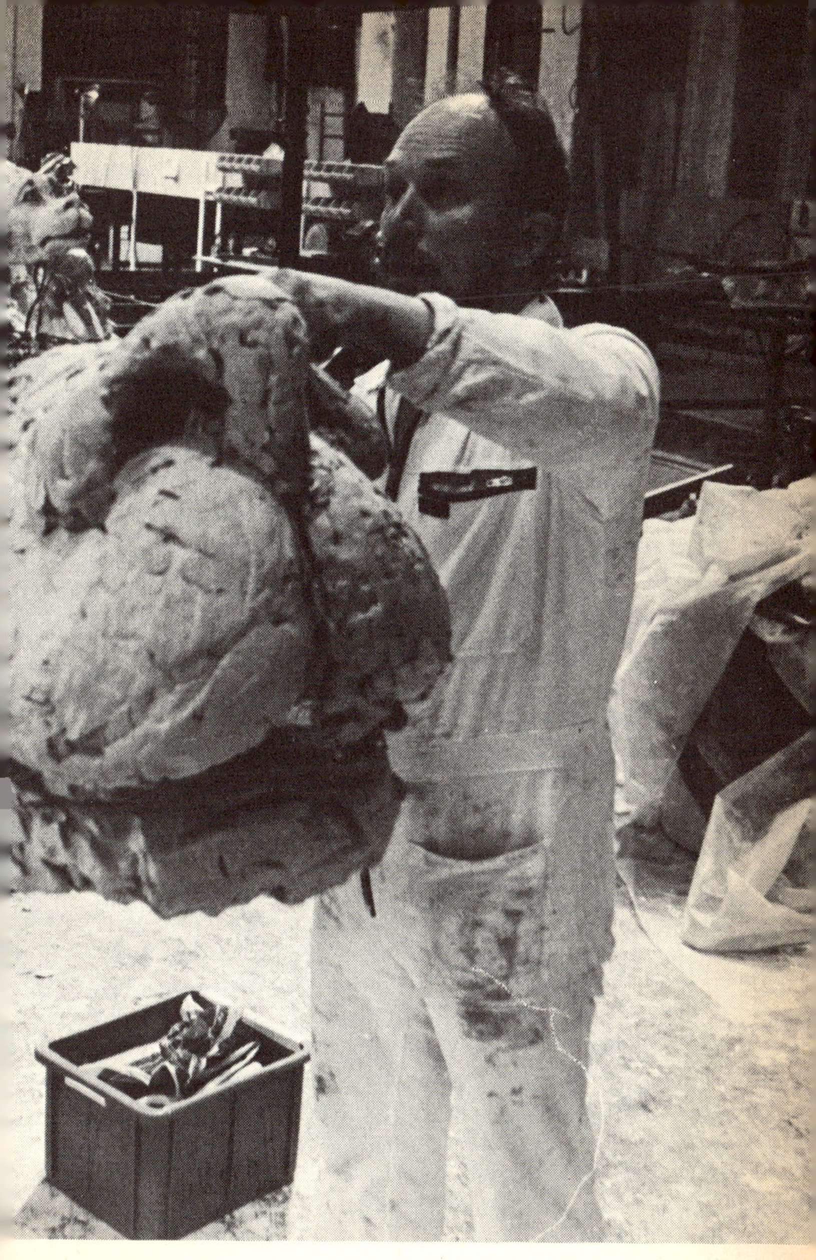

Kubikzentimeter-Zylinder auf und ab, und als Giuseppe eines Tages jemand von Cinecitta in Rom fragte, ob er nicht Lust hätte, etwas anderes als Modellflugzeuge zu bauen, sagte er sofort zu.

Später arbeitete er bei Rimbaldi in Hollywood und half das mechanische Innenleben des Außerirdischen *E.T.* zu basteln. Auch die geheimnisvollen Figuren im Raumschiff bei *Begegnungen der dritten Art* stammten von dem Italiener. Der erste große Film, in dem er allein arbeitete war *Conan der Barbar* und dann kam er zur *Unendlichen Geschichte*.

Wenn Giuseppe Tortora an seinen Konstruktionen schraubt, erinnert er ein wenig an den genialen Daniel Düsentrieb aus der *Mickey Mouse*. Die Drähte, Federn und Motoren scheinen keinen Sinn zu ergeben, erst die präzisen Konstruktionszeichnungen an der Wand zeigen, daß hier ein begnadeter Ingenieur an der Arbeit ist.

Jeder Bewegungsapparat, jedes Gelenk ist bis ins Detail ausgearbeitet und berechnet. »Ich baue nicht drauflos«, Giuseppe schob sich die Brille, mit der er gerade noch einmal auf dem Rechenschieber etwas abgelesen hatte, in die Stirn, »ich zeichne immer erst exakte Konstruktionspläne.«

Der Drache stellte auch den Meister aus Rom vor große Probleme. Die größte Schwierigkeit war das Gewicht des Monsters. Der drei Meter lange Hals ist schließlich frei tragend und muß den Kopf halten, der allein schon zwei Zentner wiegt. Dazu kommt noch der Bub der auf der Konstruktion sitzt.

Der Trick, mit dem der Konstrukteur das Problem in den Griff bekam, hieß Flugzeugstahl. Das Zeug kostet zwar zehnmal soviel wie normales Metall, aber es ist auch besonders leicht und enorm belastbar. Ein raffiniertes System von fingerdicken Spezialfedern hielt die ganze Konstruktion in der Schwebe. Jetzt genügten schon zwei mittlere Elektromotoren, um Kopf und Hals elastisch in jede Richtung zu bewegen.

Schwieriger war es, den Schwanz des Drachen zu bauen, denn der sollte vier Meter lang werden. Auch hier arbeitete der Konstrukteur mit Federn und Flugzeugstahl.

Das Prinzip, mit dem sich Schwanz und Hals wie eine Schlange bewegen ließen, stammte ebenfalls aus dem Flugzeugbau: Es sind Tetraeder, die sich gegeneinander stützen. Nur die Motoren im Drachenschwanz mußten stärker sein. Damit bekam das Ungeheuer gewaltige Kräfte.

»Wenn er falsch bewegt wird«, erklärte Giuseppe und setzte die Konstruktion per Fernbedienung in Bewegung, »dann schlägt er glatt die Dekoration in Stücke.«

Inzwischen war wieder eine Mustervorführung angesetzt. Zum erstenmal war auch Hauptdarsteller Noah zu sehen. Mit seinem amerikanischen Zahnpasta-Lächeln machte er einen etwas künstlichen Eindruck. Alle applaudierten, aber es klang irgendwie gezwungen, nach dem Motto: »Hauptsache der Regisseur wird bei Laune gehalten.« Doch gegen die guten Schauspieler in den Nebenrollen hatte der amerikanische Wunderknabe kaum eine Chance. Es war klar, daß Petersen mit dem Kind in Zukunft noch härter arbeiten mußte.

Die Sümpfe der Traurigkeit

Der Schimmel steht bis zum Bauch im brackigen Wasser. »Komm«, schreit Noah, der den Gaul am Zügel zieht, »komm!« Doch das brave Pferd Artax rührt sich nicht. Langsam sinkt es tiefer und tiefer. Es kann nicht kommen, selbst wenn es wollte. Und es würde sich verdammt gern aus dieser unangenehmen Situation befreien. Doch es ist mit unsichtbaren Ketten an einer verstecken Hebebühne verankert, und die senkt sich langsam tiefer.

Wochenlang hatte Tony Smart die Nummer geprobt. Hinter der Halle 7 hatte ein Bagger extra einen zwei Meter tiefen Graben ausgehoben. Mit Beton und Plastikfolie wurde das Loch abgedichtet und mit Wasser gefüllt. Jeden Tag führte der Trainer das Pferd durch das kleine Becken, jeden Tag war das Wasser ein bißchen tiefer. Das Tier sollte die Angst verlieren, wenn es bis zu den Augen im Wasser versank.

Und genau das schrieb das Drehbuch vor: Atréju verliert sein geliebtes Pferd Artax im *Sumpf der Traurigkeit*. Aber jetzt war die Situation anders. Hier führte keine schräge Ebene das Pferd an das tiefe Wasser heran. Hier war es festgezurrt und der hydraulischen Bühne ausgeliefert, die erbarmunglos im Schlamm abgesenkt wurde. Artax hatte Angst. Die Augen weit aufgerissen und die Nüstern gebläht kämpfte es um sein Leben. Die Szene wirkte echt – zu echt.

Eigentlich sollte sich das Tier laut Drehbuch widerstandslos in sein Schicksal fügen. Doch Artax dachte nicht daran aufzugeben. Es riß den Kopf hoch und in einem hohen Bogen klatschte Noah, der den Zügel festhielt, in die dunkle Brühe.

Es war eine große Schweinerei, denn weil der Ausstattung das Sumpfwasser zuerst nicht unheimlich genug erschienen war, hatte irgend jemand feinen Ruß auf die

Wasseroberfläche geschüttet um alles noch düsterer wirken zu lassen. Der Erfolg war wirklich verblüffend: Alles wurde schwarz – unwiderruflich, denn das Zeug ließ sich so gut wie nicht mehr abwischen.

Mit einem Schrei tauchte Noah aus der Brühe wieder auf. Er hatte sich unter Wasser das Bein an einer Kante der Hebebühne aufgeschlagen und konnte nicht mehr auftreten. Der Bub sah aus wie ein Schornsteinfeger, als ihn Aufnahmeleiter Thomas Jauch aus dem Wasser zog.

Der Hauptdarsteller verzog sein Gesicht vor Schmerzen. Er mußte sofort in die Klinik. Als die Retter mit ihrem Patienten wenige Minuten später im Krankenhaus eintrafen, glaubte die Notaufnahme zunächst an ein Bergwerksunglück. Thomas hatte seinen weißen Plastikoverall, den alle am Sumpfset trugen, gleich angelassen. Seine Füße steckten in kniehohen schwarzverklebten Gummistiefeln. Das Kind auf seinen Armen trug einen Indianeranzug und war so verdreckt, das man es kaum noch erkennen konnte.

Und jede Erklärung machte die Sache nur noch undurchsichtiger: »Sumpf, Hebebühne, Pferd unter Wasser«, der Arzt hörte gar nicht hin. Wahrscheinlich dachte er, die Gruppe wäre total blau.

Das Team in der *Bavaria* zitterte unterdessen um seinen Hauptdarsteller. Doch die Sache war zum Glück nur halb so schlimm. Noah hatte sich nur eine leichte Prellung zugezogen. Zwei Tage im Bett und das Kind durfte wieder in die Schule.

»Was heißt hier Schule?« fragte Harry Nap am Telefon, aber dann legte er frustriert auf. »Hätte ich dem Arzt jetzt erklären sollen, daß der Bub noch zwei Wochen durch den Sumpf maschieren muß und manchmal in Wasserlöcher fällt?« Zwei Tage Ausfall des Hauptdarstellers kosteten die Produktion einen Haufen Geld – trotz Versicherung. Doch da gab es überhaupt keine Diskussion: Der Bub mußte solange geschont werden, bis er wieder gesund war.

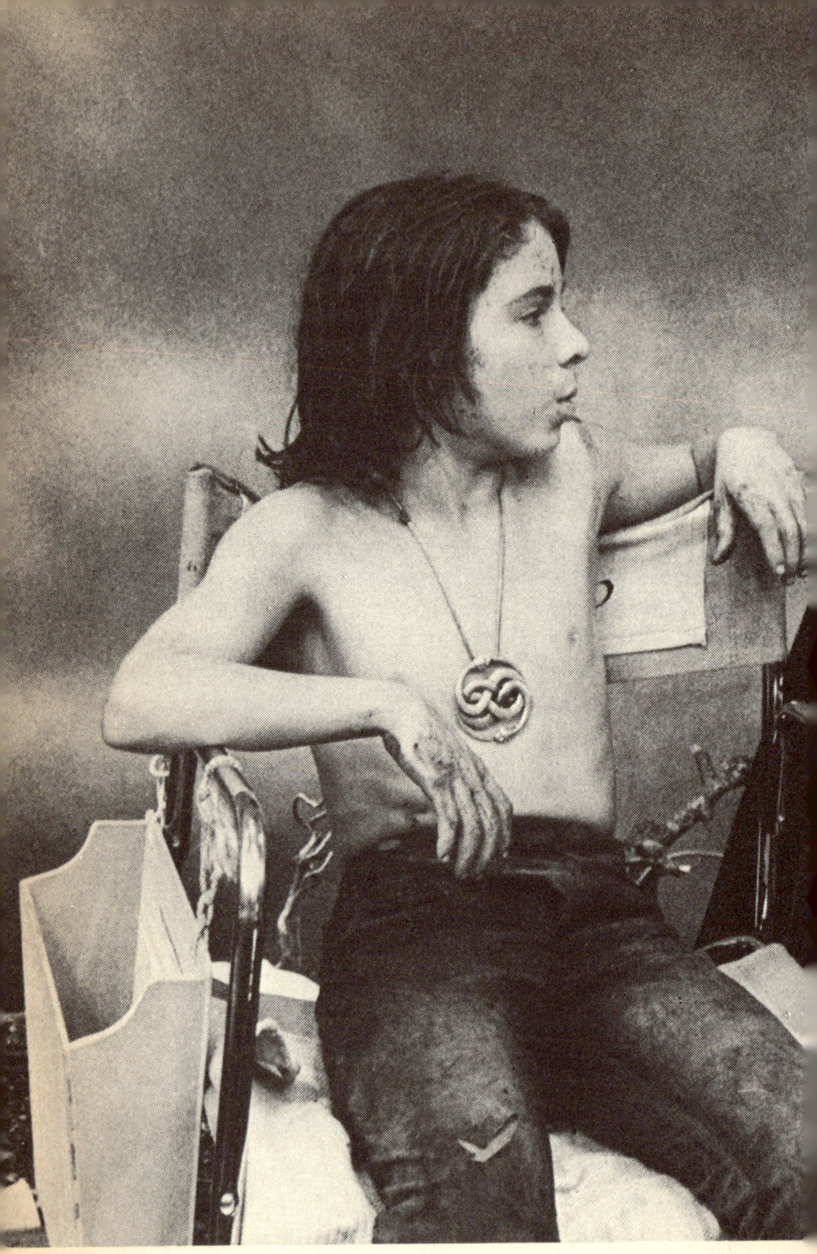

Wolfgang Petersen mit Noah Hathaway

Der Sumpf der Traurigkeit war wirklich eine Meisterleistung von Filmarchitekt Wolfgang Zehetbauer. Er hatte eine Fläche von rund 3000 Quadratmetern mit Schlamm, Pflanzen und Wasser bedeckt und es war ihm gelungen, die ganze Sache nicht ineinander laufen zu lassen. Schließlich sollte das Set ja über Wochen seine Form behalten.

Der Architekt hatte die gesamte Fläche mit einem Raster aus kleinen Bassins überzogen. In dem etwa 30 Zentimeter hohen Becken hielten sich die Flüssigkeiten. Torf und Pflanzen verdeckten die Übergänge.

Damit wurde allerdings die Bewegungsfreiheit im Set erheblich eingeschränkt. Ein Marsch quer durch den Sumpf war nur nach einem strengen Plan, wie durch ein Minenfeld, möglich. Unsichtbar im vorderen Drittel lag das große Becken. Hier ließ sich der Grund auf etwa 15 Quadratmetern hydraulisch absenken.

»Ich hatte für den Sumpf keine Vorlage«, beschrieb Zehetbauer seine Arbeit, »so etwas muß am Set entstehen. Ich wußte nur, daß der Sumpf traurig aussehen sollte. Da habe ich einfach phantasiert.«

Die Phantasie des Architekten war wirklich von bedrückender Perfektion. Er hatte einfach jede Farbe weggelassen. Das ganze Set war eine Mischung aus Grautönen. Und weil ihm das noch nicht reichte, ließ er einige der blattlosen Bäume auch noch schwarz spritzen.

Mit einem raffinierten Trick hatte Zehetbauer dem Set noch zusätzlich eine unendliche Tiefe gegeben: Im Vordergrund sind die Bäume fast fünf Meter hoch. Nach hinten werden sie immer kleiner. Die letzten sind kaum noch 30 Zentimeter hoch. Doch dafür hebt sich das ganze Set auf den letzten zwei Metern auf 1,30 Zentimeter an. Wenn jetzt die Kamera nie höher als diese 1,30 Zentimeter plaziert wird, ergibt sich die Perspektive eines endlos weiten Horizonts. Und obwohl die Dekoration in den Hallenecken abgerundet ist, erscheint der Horizont als gerade, durchgezogene Linie.

Bis zu den Hüften im Wasser: Noah Hathaway und Pferdetrainer Tony Smart

»Das ist einfach die Bibel der Fotografie«, sagte Zehetbauer bescheiden. Und die optische Wirkung dieses einfachen Tricks ist wirklich verblüffend. Nur zwei Fehler können diese Wirkung zerstören. Erstens, wenn die Kamera zu hoch geht, und aus der geraden Horizontlinie plötzlich ein Oval wird. Und zweitens, wenn sich ein Schauspieler dem Ende des Sets und damit den kleinen Bäumchen auf weniger als vier Meter nähert. Dann werden die Größenverhältnisse offensichtlich.

Ein anderer heikler Punkt ist der Hintergrund. In den Waldszenen ließ sich da viel mit üppigem Grünzug verdecken, doch hier im kahlen Sumpf wurde es schon schwieriger. Die Lösung hieß: Jede Menge Rauch und Dampf.

Die Techniker hatten ein ganzes System von dicken Schläuchen gelegt, die an verschiedenen Stellen des Sumpfes bis an die Oberfläche stießen. Durch dieses Rohrsystem wurde während der Aufnahmen Trockeneisnebel auf das Set geleitet. Der Nebel waberte schön am Boden und machte den Sumpf noch unheimlicher.

Für den Dunst in den größeren Höhen sorgte der Nebelmacher. Doch irgendwann wurde auch dem hartgesottensten Teammitglied der Gestank aus feinzerstäubtem, verbranntem Speiseöl, das für den nötigen dichten Dampf sorgte, zuviel. Es roch permanet wie in einer Pommes-frites-Bude. Eines Morgens dann erschien Nebelmacher Sam mit einer Überraschung. Er hatte dem stinkigen Öl ein bißchen Indien-Parfüm beigesetzt. »Was wollt ihr heute?« fragte er das Team. »Ich habe die Auswahl zwischen *Nepal, Orange* oder *Tiger Balm.*«

Die Aktion hatte die Sache nicht wesentlich verbessert, denn von da an roch es am Set wie in einer indischen Haschhöhle.

Eines Tages kam es am Set zu einer eigenartigen Situation. Das Drehbuch schrieb vor, daß man nur die riesigen Pranken des Werwolfs *Gmork* sieht, der sein Opfer Atréju durch die Sümpfe verfolgt. Eine echte Laufbewegung durch technische Apparate darzustellen, ist ein Ding der Unmöglichkeit. Die Creatures konnten zwar reden und sich erstaunlich gelenkig bewegen, aber sie mußten bei allem immer auf der Stelle hocken. Laufen, das ist eine so komplizierte Koordination von Gleichgewicht und Bewegungsabläufen, daß die Trickleute einfach passen mußten. Doch irgendwelche Pfoten mußten her, und wenn sie einem Hund gehörten!

Das Tier, das schließlich den Werwolf spielen sollte, hieß Geisha und war eine siebenjährige Dogge. Der Name entsprach auch dem Charakter des Riesen-Biests. Mit völlig unbeteiligter Ruhe ließ Geisha die entwürdigende Prozedur über sich ergehen: Sie bekam große haarige Wolfspfoten angepaßt, die wie Stiefel über ihre Beine gezogen wurden. Damit die Dinger nicht herunterrutschten, wurden sie am Rücken mit Strumpfhaltern gesichert. Schließlich wurde auch der Körper in Fell eingepackt. Nach zwei Stunden war die Maske fertig. Aber Geisha sah eben leider nur aus wie eine große Dogge auf dem Weg zum Kostümball. Und als sie brav vor der Kamera durch den Sumpf lief, hatte sie so gar nichts von einem schweren bösen Werwolf.

»Warum nehmen wir keinen Löwen? Der geht doch sanfter«, fragte der Kameramann schließlich. Doch zum Glück war der Tiertrainer ehrlich genug, die Grenzen seiner Möglichkeiten offen zuzugeben: »Dem zieht ihr einen von diesen Strümpfen an, und dann ist es aus.«

Schließlich fiel die Rolle an Colin Guilder, der auch schon mal im *Felsenbeißer* gesteckt hatte. Für den Schauspieler wurde eine Bahre konstruiert, die so mit dem Kamerawagen verschraubt wurde, daß die Optik nur noch Colins Hände erfaßte, die in den besagten Werwolf-Strümpfen steckten. Die Ausstatter hatten einen ganzen Tag an dieser Szene gebastelt, bis schließlich Colin durch den Schlamm tapste.

Zum Glück dauert die Einstellung im Film nur wenige Sekunden, denn die Hände im Wolfspelz hatten auch nur wenig Grauenerregendes.

Die Arbeit im Sumpf war für das Team an manchen Tagen ein Alptraum. Draußen hatte inzwischen der heißeste Sommer seit hundert Jahren eingesetzt. Die Feuchtigkeit machte die Halle zu einer riesigen Sauna. Es herrschten Temperaturen wie im Amazonas-Dschungel. Einige der Mitarbeiter wateten den ganzen Tag durch den Schlamm. Alle, die nicht unbedingt in die braunschwarze Sauce mußten, zogen sich auf die etwas trockeneren Hügel zurück. Doch kaum einer blieb von dem ekelhaft zähen Matsch verschont. Irgendwie sahen am Abend immer alle aus, als hätten sie gerade bei einer Schlammschlacht mitgewirkt.

Besonders böse erwischte es das Kamerateam, das für eine Laufaufnahme gleich mehrmals quer durchs Set plantschen mußte. Beim vierten Versuch machte der Kameramann einen Fehltritt und schlug der Länge nach in die Sauce, die Kamera blieb aus einem unerklärlichen Grund völlig unversehrt.

Während der drei Wochen, in denen im Schlamm gearbeitet wurde, hatte sich eine regelrechte Flora in den heißen Sümpfen entwickelt. Überall sprießten Gräser und Farne. Sorgfältig wurde das Grünzeug immer wieder vom Gärtner vernichtet, damit der Sumpf nicht zu freundlich wirkte.

Für eine der letzten Einstellungen sollte Atréju vom Rücken der Riesenschildkröte *Morla*, die sich langsam zu

Die uralte Morla

einem Berg erhebt, in den Sumpf fallen. Die Auflösung für diese Szene war faszinierend.

Im Original wäre die Schildkröte so groß wie die ganze Halle geworden. Also wurde die Situation, in der man den Buben auf dem Rücken des Riesentieres stehen sieht, im Modell gebaut. Wenn Atréju dann allerdings den Halt verliert und vom glitschigen Panzer rutscht, ist die Szene echt.

Im Sumpf wurde für diese kurze Einstellung ein Teil des Panzers aus viel Farbe, Styropor und Gips nachgebaut. Die ganze Konstruktion war mindestens zehn Meter hoch und endete rund zwei Meter über dem Sumpf.

Der Plan sah vor, daß der Junge abrutscht, sich zu halten versucht, bis zur Kante gleitet und dann die letzten Meter in den Sumpf platscht. Die Kamera nahm die Szene so geschickt von oben und der Seite auf, daß man nicht merkte, daß hier natürlich nur ein ganz schmaler Teil des Schildkrötenrückens nachgebildet war. Die Szene war natürlich für den Hauptdarsteller viel zu gefährlich. Es mußte ein Stuntman her. Aber woher bekommt man einen Stuntman, der drahtig, schlank und vor allen Dingen klein genug ist, einen zwölfjährigen Jungen zu spielen, ohne dabei wie ein erwachsener Zwerg auszusehen?

In Europa war niemand aufzutreiben, schließlich fand die Produktion den richtigen Mann in Hollywood. Bobby Porter ist darauf spezialisiert, Kinder in gefährlichen Filmsituationen zu doubeln. Anna Gross bekam wieder einmal einen Spezialauftrag: 17mal hatte die *Neue Constantin* bei ihr in Los Angeles angerufen. Die Sache war dringend, denn sie brauchten Bobby sofort. Die Amerikanerin buchte noch für denselben Abend um 18,30 Uhr einen Direktflug mach München, doch da hatte sie Bobby noch gar nicht aufgespürt. Als sie ihn schließlich telefonisch irgendwo in Hollywood erwischte, kam die nächste Überraschung: Bobby hatte seinen Paß verloren. Das war knapp fünf Stunden vor Abflug der Lufthansa-Maschine.

Irgendwie schaffte es Anna trotzdem und am nächsten

Morgen stand Bobby etwas unausgeschlafen in der *Bavaria* – mit einem neuen Paß!

Bobby hatte einen dreckigen Tag vor sich, im wahrsten Sinne des Wortes. Um den Sturz von der Schildkröte möglichst realistisch aussehen zu lassen, schütteten die Bühnenarbeiter während der Aufnahme badewannenweise Schlamm auf die Rutschbahn, mit dem Bobby zusammen herunterklatschte.

Zum Glück wurde der Stuntman für jeden Sprung extra bezahlt. Und weil die Produktion sparsam war, mußte sich Bobby nur ein paarmal der Schlammschlacht stellen.

In dieser Szene führte Hannes Nikel Regie, der das zweite Aufnahme-Team leitete. Bisher hatte der zweite Regisseur hauptsächlich als Cutter gearbeitet und unter anderem auch *Das Boot* geschnitten. Jetzt mußte er zum erstenmal bei einem großen Film inszenieren, auch wenn es nur Trick- und Stunt-Aufnahmen waren. Trotzdem war er ganz schön geschafft.

An diesem Tag ging auch wirklich zu viel schief. Zu viele Leute mußten koordiniert werden. Eimer für Eimer wurde der Schlamm nach oben befördert, um damit die großen Kopp-Becken zu füllen.

»Action«, brüllte Hannes Nikel, als alle wieder 'mal soweit waren. Doch es tat sich nichts. Der Matsch kam einfach nicht. Hannes Nikel stand da mit rotem Kopf. Auf seiner Stirn hatten sich kleine Schweißperlen gebildet. Er wußte, daß er seine Sache gut machen mußte, denn am Set gab es an diesem Tag einen Haufen kompetenter Beobachter. Zum Beispiel Dunken Stewart von der Versicherung, der sich davon überzeugen wollte, daß alles wie am Schnürchen lief, und seine Firma das Risiko, für den Film gerade zu stehen, sorglos übernehmen konnte.

Beim nächsten Versuch klappte es wieder nicht. Hannes Nikel konnte wirklich nichts dafür, aber er wagte es gar nicht mehr, sich zu den Beobachtern umzudrehen. Harry Nap stöhnte. Er zählte nur die Minuten, die für die Vorbereitung jedes neuen Versuches vergingen. Er sah auf die Uhr. Alle 60 Sekunden wurde die Produktion um runde 1000 Mark ärmer.

Es war heiß am Set, und nach vierzehn Tagen im Schlamm war die Stimmung gedämpft. Nach dem dritten Fehlschlag begann der Matsch langsam die Dekoration aufzulösen. Es gab so viele Kleinigkeiten, an denen die Szene scheitern konnte. Ein verklemmtes Seil, ein zu frühes Auslösen der Behälter, mal war der Schlamm zu flüssig und mal zu dick, daß er einfach wie fetter Pudding auf der Schräge hängen blieb. Irgendwann am Nachmittag klappte es. Platsch! macht der Schlamm als Bobby hinein klatscht. »Prima«, rief Hannes Nikel erleichtert ins Megafon, »das war's!«

Die Träume vom Filmstart an Weihnachten waren längst ausgeträumt. Ursprünglich sollte die *Unendliche Geschichte* zu den Winterferien anlaufen. Dann hätte sie sich mit *Star Wars III, Die Rückkehr der Jedi-Ritter*, messen müssen. Doch jetzt war klar, daß die Produktion froh sein konnte, wenn sie den Film bis April '84 in die Kinos bekäme. Vielleicht keine schlechte Lösung, denn die Jedi-Ritter wären ein verdammt harter Konkurrent geworden. Argwöhnisch wurde in diesen Drehtagen alles beobachtet, was an Fantasy-Filmen auf den Markt kam. In Amerika lief *Tronn* an. Der Film galt als das Aufwendigste, was bisher in diesem Genre entstanden ist. Doch der 40 Millionen Dollar teure Film erwies sich als Flop. Die Tricks sind wirklich bescheiden, und man fragt sich wo das ganze Geld hingegangen ist. Auch in *Tronn* gibt es eine lange Sumpf-Szene. Aber gegen Zehetbauers *Sümpfe der Traurigkeit* wirkt der Schlamm von *Tronn* nur wie ein überschwemmter Campingplatz.

Am 30. Juni fand abends um sieben Uhr eine entscheidende Mustervorführung statt. Zum erstenmal ist *Fuchur*, der Glücksdrache, zu sehen. Das Vieh ist nicht schlecht, aber die Stimme, die dem Biest unterlegt wurde, ist grauenhaft: Sie tönt so ölig wie ein Kinderverführer am Parkeingang, der jeden Moment seine Hose 'runterlassen will. »Hardcore, the Fuckdragon« wird »*Fuchur* the Luckdragon« von diesem Tag an vom Team bösartig genannt. Später bekam der Drache eine neue Stimme.

Nach der Vorführung standen Eichinger und Petersen draußen vor dem Projektionsraum. »Wie habt ihr *Fuchur* gefunden?« wollte der Produzent wissen. Er war unsicher, denn in diesem Creature, das eine Schlüsselrolle im Film spielt, steckten nicht nur gewaltige Investitionen, sondern auch die Hoffnungen der *Neuen Constantin*. »Keine Diskussionen, bitte«, sagte Eichinger, »Es geht nur um eine Frage: Ist *Fuchur* eine Figur, die man gerne zum Freund hätte?« Wir nickten alle. Es war wirklich nicht der Moment zur Diskussion oder um irgend etwas Negatives zu sagen. Niemand ist während des Drehs so empfindlich, wie der Regisseur oder sein Produzent. Und was hätte man jetzt auch noch machen können? Der überdimensionale rosa Goofy wie der Drache von einigen beschrieben wurde, war nun einmal geboren, und er spielte seine Rolle hervorragend. An eine Veränderung und neue Aufnahmen war gar nicht zu denken.

Viel beeindruckender als der Glücksdrache war aber eine ganz andere Szene an diesem Abend gewesen: Der Moment, in dem Atréju im Sumpf seinen Freund, das Pferd Artax, verliert. Wenn der Schimmel bis zum Hals im Schlamm steht und Noah verzweifelt um das Leben des Tieres kämpft, können einem wirklich die Tränen in die Augen treten. Am Anfang, nach den ersten Mustern, hielten einige im Team Noah für eine Fehlbesetzung. Natürlich hätte das nie jemand offen zugegeben. Jetzt aber war der kleine Amerikaner voll rehabilitiert. Wolfgang Petersen war sichtlich erleichtert. Er konnte auch wirklich stolz auf diese Regieleistung sein.

Ein paar Tage später gab es wieder einmal eine Horrormeldung in der Produktion, die aber nur hinter vorgehaltener Hand weitergeflüstert wurde: Das Bild einer ganzen Szene zitterte. Für eine Kombination beim *Blue-Sceen*-Verfahren war das Material nicht mehr zu gebrauchen.

Nur durch Zufall wurde der Schaden entdeckt, und es stellte sich die heikle Frage: Waren die Bilder aus bereits abgedrehten Szenen, von denen auch das Set längst abgerissen war, ebenfalls nicht zu gebrauchen? Die finanziellen Folgen, die ein solcher Fehler gehabt hätte, wären unabsehbar gewesen. Doch zum Glück ging alles gut.

Daß ein Funktionsfehler der Kamera bei einer solchen Millionenproduktion überhaupt möglich war, hatte seinen guten Grund. Denn hier, wo die modernsten Techniken der Filmindustrie eingesetzt wurden, Computer und Präzisionsmotoren die Tricks steuerten, wurde mit Kameras aus den 60er Jahren gedreht.

Big Mama

»Wir drehen in Scope«, hatte Brian Johnson schon lange vor Beginn der Dreharbeiten angeordnet. Daran war nichts Ungewöhnliches, denn alle großen Filme werden heute im Cinemascope-Format auf die Leinwand produziert. Doch als der Trick-Weltmeister erklärte, mit welchen Kameras er arbeiten wollte, überkam die Chefs der *Neuen Constantin* doch ein leichter Schauer.

»Wir benutzen Vista-Vision-Kameras«, machte der Engländer zur Bedingung. Die meisten aus der Film-Crew hatten von dem System noch nie etwas gehört. Das klang doch so ähnlich wie irgendeine Uralt-Technik aus den 60er Jahren und genau das war es auch.

Damals versuchte man mit immer gewaltigeren Leinwänden Platz für Monumental-Schinken wie *Ben Hur* und *Spartacus* zu schaffen. Dummerweise braucht man für große Bilder auch ein großes Ausgangsmaterial. Denn wie jeder Fotoamateur weiß: Je größer das Negativ, um so schärfer die Vergrößerung. Mit dem normalen 35-Millimeter-Filmmaterial waren in diesem Punkt aber eindeutige Grenzen gesetzt.

Da hatte jemand einen genialen Einfall: Er konstruierte eine Kamera, bei der das Material nicht wie bisher vertikal (von oben nach unten) sondern horizontal lief. Jetzt ließ sich auf demselben 35er-Material bequem ein doppelt so breites Format belichten – das *Vista-Vision*-System war geboren. Jahrelang galt das System als die größte Idee seit der Erfindung der Filmkamera. Doch die Sache hatte natürlich einen Haken. Da das Format ja doppelt so groß wie das normale war, verbrauchten die Apparate auch doppelt soviel Material. Und auch bei *Vista-Vision* wurde nur mit Wasser gekocht. Das heißt, auch bei den riesigen Geräten mußten 24 Bilder in der Sekunde belichtet werden, und das stellte wegen des größeren Materialdurchlaufes die Mechanik auf eine permanente Zerreißprobe.

Anfang der 60er Jahre erfand dann jemand in Hollywood die anamorphe Linse. Damit konnte das Breitwandbild durch einen optischen Trick auf das alte 35-Millimeter-Format zusammengequetscht und später wieder entzerrt werden. Das war das Ende von *Vista-Vision*. Erleichtert motteten die Produzenten ihre materialfressenden Kamera-Ungeheuer ein und schoben sie ganz nach hinten in die Arsenale.

Da würden diese technischen Ungetüme auch noch heute verstauben, wenn es 1975 nicht einen jungen Amerikaner mit neuen Ideen gegeben hätte.

George Lucas aus Los Angeles entdeckte, wie gut der Bildstand in den alten Präzisionsgeräten war. Außerdem eignete sich das große Format ideal für seine Pläne. Der Newcomer wollte nämlich einen Science-Fiction-Film drehen und jede Menge neuer Tricks anwenden. Die Sache funktionierte einwandfrei, und der Film, der bei dem ganzen Experiment herauskam, machte Geschichte – *Krieg der Sterne*.

Bis zu diesem Zeitpunkt hätte man die alten *Vista-Visions* in den Studios rund um die Welt nachgeschmissen bekommen. Doch plötzlich galten die Veteranen als der Schlüssel zum Trickfilmmachen. Ein regelrechter *run* entstand unter den Spezialisten, um an die alten Kästen heranzukommen. Eine guterhaltene *Vista-Vision* aufzutreiben, wurde plötzlich so schwierig, wie die Suche nach einer *Blauen Mauritius*.

Für die Verfilmung der *Unendlichen Geschichte* stellte *Vista-Vision* das ideale Format dar. Höchste Detailgenauigkeit beim Negativ war die Voraussetzung, um später problemlos verschiedene Bilder, wie etwa beim *Blue-Screen*-Verfahren, übereinanderkopieren zu können.

Brian Johnson ließ seine Verbindungen spielen und wurde fündig. In Italien trieb er vier der alten Kästen auf.

Als die Apparate in der *Bavaria* ankamen, trauten die

Techniker ihren Augen nicht. Die klobigen, würfelförmigen Kästen erinnerten eher an Hutschachteln, als an die Kameras in einem Millionen-Film. Jeder der Klötze wog über zwei Zentner und konnte nur von vier kräftigen Männern bewegt werden. Das Innenleben sah kompliziert aus wie das einer Schweizer Präzisions-Uhr, und keine der Kameras gab noch irgendeinen Mucks von sich.

Da bauten die Trickleute kurz entschlossen alle funktionstüchtigen Teile zusammen und machten aus vier Geräten zwei. So entstand *Big Mama*, der blaue Kasten, der die beiden riesigen 600-Meter-Kassetten wie zwei überdimensionale Bernhardiner-Ohren angelegt hatte.

Daneben gab es noch eine Konstruktion, bei der die Kassetten wie zwei Flügel nach rechts und links abstanden, von der Bedienungsmannschaft liebevoll *Butterfly* genannt.

Das Angebot an Optiken aus den 50er Jahren war mehr als bescheiden. Daher nahm das Filmteam normale Nikon-Fotolinsen. »Weil die die schönsten Farben haben«, wie Brian behauptete. Schließlich mußten die Geräte noch mal nach Los Angeles geschickt werden, wo sie einen Objektivanschluß eingebaut bekamen, der genau auf die Nikon-Optiken eingemessen war.

So ungewöhnlich wie die Beschaffung der Geräte, sollte auch die spätere Arbeit mit der *Vista-Vision* werden. Nicht immer zur Freude von Kameramann Jost Vacano.

Hinter der Kamera

»Bitte«, sagte gewöhnlich Wolfgang Petersen am Set. Dann nickte Jost Vacano seinem Kamera-Operator Peter Maiwald zu, und der gab einem Mann an einem großen Handregler ein Zeichen. Langsam drehte der Techniker ein Rad, das an den Verschluß einer U-Boot-Luke erinnerte. Im gleichen Moment summte das *Vista-Vision*-Ungeheuer auf. Langsam kam die Mechanik auf Touren. Es dauerte jeweis etwa fünf Sekunden, bevor der Motor rund lief. Bis dahin hatten die Transportgreifer im Inneren des Wundergerätes schon mindestens zehn Meter Film an der Linse vorbeigeschossen. »Speed«, bestätigte der Kamera-Operator in diesem Moment und der Dreh konnte beginnen.

Mehr konnte der Assistent sowieso kaum tun. Denn anders als bei den normalen Spiegelreflex-Kameras, ist die Arbeit an den *Vista-Visions* ein reines Blindflug-Abenteuer. Wenn die Geräte mit dem Geräusch einer verrosteten Kaffeemühle aufheulen, gibt es keine Möglichkeit mehr direkt zu kontrollieren, was auf den Film kommt. Der Sucher wird kurz vor dem Start aus dem optischen System herausgeklappt.

»Die Kameras selber haben mich weniger erschreckt«, erzählte Jost Vacano, als er nach einem heißen Drehtag im Juli müde im Kamera-Raum auf einen Drehstuhl zusammengesunken war und gierig an einer Cola schlürfte, »worüber man sich immer wieder neu Gedanken machen muß, das ist das Scope-Format. Du hast plötzlich den doppelten Bildwinkel wie bei 35 Millimeter. Hier ist alles unheimlich weit.«

Das mußte Jost Vacano besonders treffen, denn der letzte Drehort, an dem der Kameramann gearbeitet hatte, war durch seine qualvolle Enge berüchtigt: Der Original-Nachbau eines deutschen Unterseebootes für den Erfolgsfilm *Das Boot*. Damals hatte Jost die Kamera selber in der Hand. Damit er mit dem unhandlichen Gerät möglichst ruckfrei durch die engen U-Boot-Gänge turnen konnte, hatte er einen speziellen Stabilisator konstruiert. Für die unerhört dynamischen und aufregenden Einstellungen, die dabei entstanden, war der Kameramann auch für den Oscar vorgeschlagen worden.

Diesmal herrschten dagegen Hollywood-Drehbedingungen, das bedeutete: Jost war *Director of Photography*, für die Kamera-Arbeit hatte er seine Leute. »Das ist schon eine komische Situation«, wunderte sich Jost nach den ersten Drehtagen, »wenn man da plötzlich nicht mehr hinter der Kamera steht, sondern nur noch rumläuft, um die verschiedenen Teams zu kontrollieren.«

Abgesehen davon, daß man während der Aufnahme nicht durch die Kamera sehen konnte, gab es aber noch weitere Handicaps: Die Kombinationen der verschiedenen Bilder kamen erst nach Wochen aus den Lucas-Studios in Kalifornien zurück. »In den ersten Monaten war es am schwierigsten«, erinnerte sich Jost Vacano mit Unbehagen, »da warst du wirklich auf's Raten angewiesen.« Erst als Uwe Bendixen mit seinen Video-Tricks die gedrehten Einstellungen für die Kamera-Crew und den Regisseur zur Kombination simulierte, konnte das Team aufatmen. Jetzt hatte man wenigstens eine vage Ahnung von dem, was da kombiniert werden sollte.

Selbst am Ende der Dreharbeiten tappte Jost noch im Halbdunkel. »Bis heute habe ich erst sechs Kombinationen gesehen«, klagte er noch im Oktober '83, »das mußt du dir mal vorstellen: sechs von 120!"

Es waren allerdings nicht nur die *Blue-Screen*-Einstellungen, die von den Lucas-Leuten in Hollywood für die *Unendliche Geschichte* zusammenmontiert wurden. Dazu kamen auch noch knapp 20 *Matte-Paintings*.

Diese Hinter-Glas-Malereien sind ebenfalls eine Technik, die in Europa niemand richtig beherrscht. Dabei ist die Methode so alt wie der Trickfilm überhaupt. Schon im ersten *King-Kong*-Film von 1932 hatte es wunderschöne *Matte-Paintings* gegeben.

Für alle die sich in Fimtechnik weniger gut auskennen: *Matte-Painting* ist die gemalte Ergänzung eines realen Filmbildes. Wenn Atréju zum Beispiel den Strand entlangläuft und im Hintergrund die Ruinen einer geheimnisvollen Stadt zu sehen sind, wird mit dem uralten Trick gearbeitet. Echt ist in dieser Einstellung nur der Strand, an dem der Bub entlangläuft. Diese Außenaufnahmen entstanden an der Südküste Spaniens. Der Hintergrund wurde dagegen in Hollywood gemalt. Dabei hat der *Matte-Painting*-Künstler seine Phantasielandschaft den echten Küstenfelsen so exakt angeglichen, daß der Übergang nicht mehr zu sehen ist. Bei normaler Betrachtung eines solchen *Matte-Paintings* ist man etwas frustriert, denn das Gemälde auf einer etwa 1-mal-2-Meter-Glasplatte sieht nach nichts aus. Erst in der Kombination wird die Wirkung deutlich.

Für ihre Dienste bitten gute *Matte-Painter* auch kräftig zur Kasse: Ein Bild kostet bis zu 40000 Dollar!

In der *Unendlichen Geschichte* wurde natürlich nicht alles mit den behäbigen *Vista-Vision*-Kameras gedreht. Bei den *normalen* Einstellungen arbeitete die Crew mit den bewährten 35-mm-Arri-Kameras. Doch für Jost Vacano, den Regisseur Wolfgang Petersen mit ins Team gebracht hatte, gab es noch andere Umstellungen bei diesen Dreharbeiten.

Jost kapierte schnell, daß Brian Johnson in dieser Produktion viel zu sagen hatte. Der Engländer hatte durch sein großes Know-how so viel Einfluß bekommen, daß er nicht nur die Art der Tricks und die Art der Kameras bestimmte, sondern er wollte auch entscheiden, wer alle die Aufgaben ausführte: vor allem keine Deutschen, denn die Spezialisten aus England wollten vermeiden, daß ihnen jemand in die Karten sah.

Brians Stabliste, die er der *Neuen Constantin* vorgelegt hatte, sah daher ausländische Kameraleute und Assistenten vor. Doch da spielten die Bayern nicht mehr mit. »Die Engländer gingen wirklich nach dem Motto vor: ›Was wollt ihr doofen Deutschen eigentlich?‹«, sagte Jost einmal frustriert. »Aber das ist eben das Lehrgeld, das man zahlen muß, wenn man das nötige Know-how noch nicht hat.«

Es ist fast unmöglich, daß ein deutscher Kameramann in einer amerikanischen Produktion in den USA oder in einer englischen in Großbritannien mitarbeiten darf. Dafür sorgen schon die Gewerkschaften. »Aber bei uns darf jeder drehen«, sagt Jost, »es ist so schwer, die deutschen Kameraleute zusammenzubringen und zu organisieren.«

Als Jost Vacano zum erstenmal Brian Johnson begegnete, legte der Engländer ihm seine Team-Liste vor. Da wurde Jost sauer. Schließlich war er nicht irgendein Kameramann, sondern der zur Zeit wohl berühmteste in Deutschland. Vor *Das Boot* hatte er so bekannte Filme gedreht wie: *Die verlorene Ehre der Katharina Blum*, *Schonzeit für Füchse* und *Supermarkt*. Der Kameramann nahm demonstrativ die Liste mit den englischen Namen und schmiß sie in den Papierkorb. Brian Johnson schluckte, griff zum Telefon und rief die Produktionsleitung an: »Die Deutschen können das nicht!« schimpfte er – aber sie konnten doch. Allerdings konnten die Spannungen zwischen Deutschen und Engländern bis zum Ende der Dreharbeiten nicht ganz abgebaut werden. Da war eben die eine Gruppe, die das Ganze schon 'zigmal gemacht hatte und genau wußte, was zu tun war, und die Deutschen, die neugierig lernten und sich große Mühe gaben nichts falsch zu machen. Dabei waren Fehler und Wiederholungen natürlich von Anfang an eingeplant. Beim Materialverbrauch hatte Bernd Eichinger mehr als großzügig kalkuliert. Rund 400000 Meter Material konnten theoretisch durch die Kameras laufen, bevor das Budget erschöpft war. Das ist eine ungeheure Menge, wenn man bedenkt, daß für einen herkömmlichen Zwei-Stunden-

Kameramann Jost Vacano mit Barrett Oliver

Film nur rund 27000 Meter Material belichtet werden müssen. (Materialkosten pro Meter: 1,87 Mark.) Bei dem Materialverbrauch des Teams unter Hannes Nikel bekam die Produktionsleitung dann aber doch etwas weiche Knie. Nach drei Monaten hatten die *Second Unit* etwa vier Minuten (ca. 100 Meter) gedreht, aber dafür fast 20000 Meter durch ihre Kameras rauschen lassen. Es war ein kostspieliger Lernprozeß, durch den sich die Deutschen durchzukämpfen hatten. Manchmal mußten bis zu 80

Prozent der Einstellungen am nächsten Tag wiederholt werden.

Jeder Kameramann hat so seine Träume. Eines der Zauberworte, bei dem die meisten glänzende Augen bekommen, heißt: *Louma-Crane*. Das ist ein Spezial-Kran, der heute aus fast keiner der großen Hollywood-Produktionen mehr wegzudenken wäre. Doch für deutsche Produktionen ist schon die Miete für das Wundergerät meist unerschwinglich. Mal ganz davon abgesehen, daß kaum jemand weiß, welche Möglichkeiten in dem Apparat stecken.

Für die *Unendliche Geschichte* war der *Louma-Crane* zum erstenmal mit einkalkuliert worden. Das Gerät wurde extra aus England von einem Mitarbeiter der Firma per Lastwagen nach München transportiert und aufgebaut. Als der Operateur schließlich seinen Kran in der Halle 4/5 vorführte, staunten die Crew-Mitglieder, wie die kleinen Buben an Weihnachten unterm Christbaum.

Die Kamera, die am Ende des Kranauslegers hängt, dreht sich ferngesteuert um 360 Grad über alle Achsen. Dabei läßt sie sich mit einer Hand quer über den ganzen Set schwenken.

Fernsteuerungen und kleine Video-Kameras beobachten dabei Schärfe- und Blendeneinstellung und melden die Werte über Monitore an den Kameramann, der an einem Tisch voller Bildschirme und Hebel sitzt. Die ganze Anlage ist wirklich beeindruckend. Steven Spielberg drehte 1941 *Jäger des verlorenen Schatzes* mit Hilfe dieses Systems. Viele Szenen zu *Ghandi* wurden erst durch den *Louma-Crane* möglich.

»Könnt ihr das Ding brauchen?« fragte Adam Samuelson, nachdem er sein Gerät vorgeführt hatte.

»Aber sicher«, meinte Petersen, der begeistert an den Hebeln spielte, »und wie!"

Im Endeffekt wurde das Gerät, das pro Woche 2000 Pfund Miete kostete, nur in einer einzigen Szene eingesetzt.

Dann packte Samuelson seinen Kran wieder zusammen und fuhr nach England zurück.

Der Kran war einfach zuviel für die Crew. Man hatte auf dem Set schon genug damit zu tun, die Übersicht über die einzelnen Trickanschlüsse nicht zu verlieren. Mit dem *Louma-Crane* bekam die ganze Sache eine Dimension, die kaum noch zu überschauen gewesen wäre. Es war einfach zu spät, jetzt noch über die Möglichkeiten nachzudenken. Schweren Herzens ließen die Kameraleute den Techniker mit seinem Wunder-Kran ziehen.

A Star is born

Filmleute sind wirklich ein abgebrühter Verein und lassen sich so leicht durch nichts beeindrucken. Doch einmal, während der Dreharbeiten, habe ich sie wirklich sprachlos erlebt. An dem Nachmittag, als Tami Stronach am Set auftauchte, wurde es schlagartig mucksmäuschenstill in der Halle 6. Die *Kindliche Kaiserin* hatte ihren Auftritt. Das zierliche Mädchen sah überwältigend aus. Die Maskenbildnerin hatte die 12jährige blaß geschminkt und ihr die Haare streng nach hinten gesteckt, damit die blauen Augen noch größer wirkten. Sie sah krank und zerbrechlich aus, aber trotzdem schön und von undefinierbarem Alter. Natürlich hatte die Kleine ihre Wirkung genau registriert. Mit offenem Lächeln rauschte sie am Team vorbei. Zwei Kostümbildner trugen und hielten ihr apricotfarbenes Kleid fest und den Schleier aus weißer Spitze, voller Silberblumen und Ornamente.

Die Ausstattung hatte 30 Meter Stoff in das Kleid investiert. Zusammen mit dem Perlendiadem im Haar sah Tami wirklich aus wie der *Traum aller Mütter.*

Selbstsicher stiefelte sie ins neue Set. Die Bühnenarchitekten hatten beim Bau der *Magnolienblüte*, dem Zentrum des *Elfenbeinturms*, ganze Arbeit geleistet. Die Blüte war mindestens sechs Meter hoch und aus Lastwagenladungen von Styropor geschnitzt. Der Innenraum war weiß lackiert, und die Wände mit kleinen Glitzersteinen besetzt. Mitten in diesem Set, einer Mischung aus Jugendstil und Zuckerbäckerarchitektur, stand der Thron: Eine große Muschel aus weißer Seide, mit der man beim Sandburgenbauen auf Sylt leicht den ersten Preis gewonnen hätte. In dieser strahlenden Pracht ließ sich Tami nieder. »O my God!«, sagte Noah, als er seine Partnerin auf ihrem Thron sitzen sah.

»Jetzt fehlt nur noch, daß Fred Astaire von hinten ins

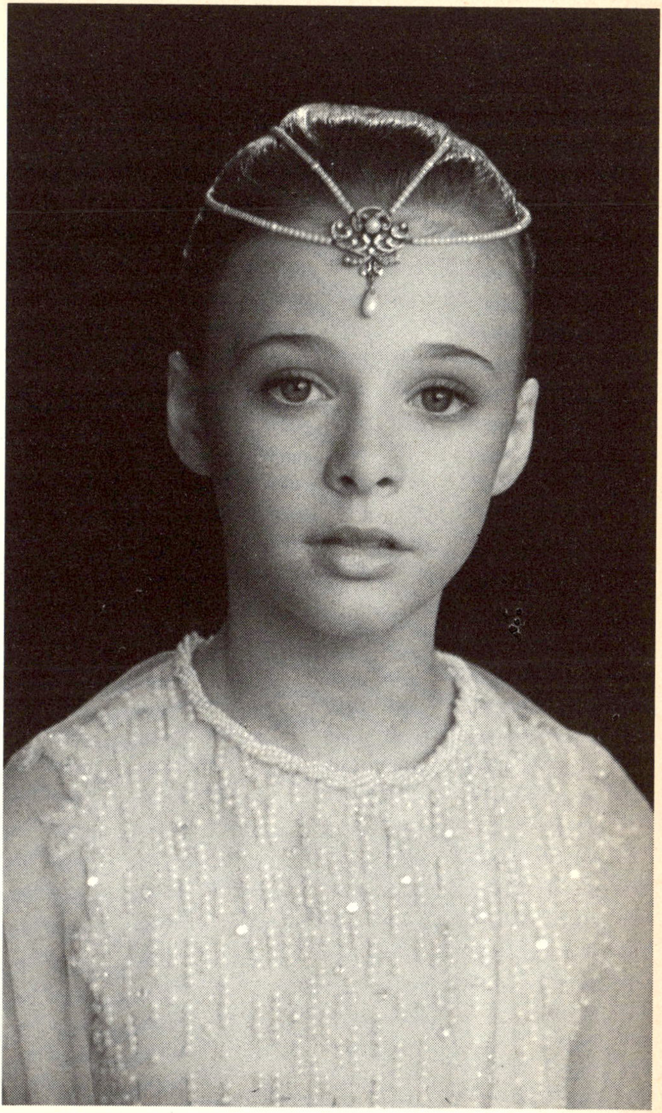

Tami Stronach als kindliche Kaiserin

Bild getanzt kommt«, kommentierte irgendeiner ungerührt aus dem Hintergrund, als das Team seine Fassung wiedergewonnen hatte. Doch Tami, die zum erstenmal vor einer Filmkamera stand, war noch längst nicht am Ende ihrer Show.

Der Drehtag hielt für die kleine Schauspielerin ein paar wirklich schwere Szenen bereit. Es wurden die Szenen gedreht, in denen ganz *Phantásien* bereits zerfallen war, Atréju ohne Erfolg zur *Kindlichen Kaiserin* zurückgekehrt ist, und beide in der Spitze des *Elfenbeinturms*, der *Magnolienblüte*, stehen. Jetzt gibt es nur noch einen, der ihnen helfen kann – Bastian. Während langsam auch die *Magnolienblüte* zerbröckelt, fleht die *Kindliche Kaiserin* den Buben um Rettung an.

»Action«, sagte Petersen, »absolute Ruhe. Keiner bewegt sich mehr.« Der Regisseur weiß, wie schwer es für das Mädchen ist, diese Szene zu spielen, die so viel Emotion von ihr verlangt.

Die Kamera ist ganz nah auf Tamis Gesicht gerichtet. Einen Moment nur schaut die Schauspielerin nach unten und sammelt sich. Dann blickt sie genau in die Kamera.

»Save us, Bastian«, fleht Tami, »please!« Und die Tränen laufen dem kleinen Mädchen die Backen herunter. Das Team ist sprachlos. »Aus«, sagt Petersen. Tami schluchzt noch einmal, dann hat sie sich wieder gefangen.

Das war kein kleines Schulmädchen, das hier gespielt hat, das war ein Profi mit Starqualitäten.

Wie ein Star gibt sich die Zwölfjährige auch, wenn sie über ihre Arbeit spricht. »Wenn du keine Gefühle mitbringst, kannst du auch nichts zeigen«, erzählte mir die kleine Hauptdarstellerin bei einer eisgekühlten Fanta in der Drehpause, »wenn du betrügst, das merken die Zuschauer.« So viel Selbstsicherheit bei einem kleinen Mädchen verblüfft mich. Schließlich ist das ihr erster Film.

»Aber in Wirklichkeit träume ich vom Theater«, werde

ich belehrt, »hier beim Film bin ich nur, um Geld zu machen.« Ganz schön clever, die kleinen Kalifornierinnen, denke ich noch und will irgendeine blöde Erwachsenen-Frage nach der Schule stellen, aber da kommt schon das nächste Statement. »Ich will nicht weiter Kino machen«, sagt Tami, »es ist nicht gut, so jung bei so einem großen Film anzufangen. Unter sechzehn Jahren macht eine solche Arbeit ein Kind einfach kaputt.« Wie redet die bloß, wenn sie mal achtzehn ist, denke ich.

»Wie findest du meine Zähne?« fragt mich Tami in diesem Moment ganz ungezwungen. »Weißt du, ich hatte zwei Zahnlücken und die hat der Zahnarzt zugebaut. Toll – was?!«

Was für ein Glück, doch ein ganz normales kleines Mädchen.

Der Tank

Der große Raum in der neuen Lampenhalle ist stockdunkel. Die Wände sind mit schwarzem Molton-Stoff zugehängt. Sogar die Aschenbecher hat jemand mattschwarz gespritzt. Kein Wunder, es gibt nur eines, was Trickspezialist Mike White in seinem Studio fürchtet: Das sind falsche Reflektionen. Denn strahlen darf nur das Herzstück dieser Katakombe: Der riesige durchsichtige Wasser-Tank.

Es ist der Tank, in dem der Engländer das Wetter für *Die unendliche Geschichte* zaubert. Ein Job, der viel Zeit und eiserne Nerven erfordert.

Rund 5000 Liter Wasser faßt dieses Becken aus 20 Millimeter starkem Plexiglas. Aber bis es vollgelaufen ist, vergehen oft Stunden, Mike füllt seinen Tank zur einen Hälfte mit klarem Wasser und zur anderen Hälfte mit Salzwasser. Ganz vorsichtig muß dabei eine Schicht über die andere *gelegt* werden. Die verschiedenen Flüssigkeiten dürfen sich nicht miteinander vermischen, denn nur an den klaren Grenzlinien zwischen Süß- und Salzwasser kann Mike White seine Himmel *malen.*

Wenn der Tank voll ist, müssen sich die Flüssigkeiten erst völlig beruhigen. Dann werden starke farbige Scheinwerfer eingeschaltet, die durch die Seitenwände in das Becken hineinstrahlen. Vorsichtig taucht ein Helfer von oben ein dünnes Rohr in das Süßwasser.

»Now«, sagt Mike, und aus der Röhre schießt eine dunkle Flüssigkeit, »Stoß«, ruft der Trickspezialist. Langsam zerfließt die Farbe, wie Tinte, die man ins Wasser gießt. Doch in diesem Becken sinkt sie nur einen halben Meter ab. Dann stößt sie plötzlich auf die unsichtbare Salzschicht und kräuselt sich zu einer fetten Wolke. Immer neue Wolken legen sich daneben. »Rotlicht«, befiehlt der Boß. Im nächsten Moment werden die Wolken von unten rosa eingefärbt. Ein perfekter Abendhimmel entsteht.

Wie mit Zeitraffer gefilmt, verschieben sich langsam die Wolkenformationen. Eine neue hellere Wolkenformation wird darunter gespritzt. Wenn man jetzt durch die Kamera schaut, die vor dem Becken aufgebaut ist, fühlt man sich wie im Jet, beim Flug durch einen glühend roten Sonnenuntergang.

Was so leicht und so perfekt aussieht, hat Mike monatelange Arbeit und die Produktion pro Woche 16000 Mark gekostet. Sicher einige hundert Male mußte dabei das Becken ausgelassen und neu gefüllt werden. Denn Fehler beim Einfüllen der Farben lassen sich nicht mehr korrigieren. Kleine Düsen im Wasser können zwar den Bewegungsablauf beeinflussen, aber mit jeder Veränderung verblaßt der flüssige Zauber mehr und mehr zu einer trüben Brühe.

Als Mike schließlich die richtige Dosierung und das exakte Timing herausgefunden hatte, konnte er auf Wunsch jedes Wetter herstellen. Das Angebot reichte von zarter Abenddämmerung bis zu tobendem Wirbelsturm. Er mixte den wütenden Orkan, in dem *Fuchur* Atréju verliert, und die ruhigen Abendwolken, unter denen die Creatures zum *Elfenbeinturm* wandern.

Der Salzverbrauch in dieser Abteilung war astronomisch. Mehr als 17 Tonnen mußte Mike White auflösen, bis er das Wettermachen perfekt beherrschte!

Der Elfenbeinturm

Der 13. Juli ist ein heißer Tag. Die riesigen Scheinwerfer, die die Halle 4/5 ausleuchten, machen die Temperaturen nicht angenehmer. Schon gar nicht, wenn man in einer Ritterrüstung steckt, oder in einem Vogelkostüm, oder unter dicken Pelzen, mit einem Bärenschädel über dem Kopf. Es ist eine verrückte Menge, die sich in der größten Halle der *Bavaria*-Studios an diesem Sommermorgen eingefunden hat: 80 Fabelwesen – die Statisterie für die Szene im *Elfenbeinturm.*

Zwei Wochen lang haben 40 Leute an dem phantastischen Bühnenbild gearbeitet. Dann konnte Wolfgang Zehetbauer zufrieden sein. Der Sumpf war restlos verschwunden. Jetzt strahlte die Spitze des Elfenbeinturms im Scheinwerferlicht. Auf fast 2000 Quadratmetern waren zentnerweise Gips und Lastwagenladungen von Styropor verbrannt worden. Wie die Oberfläche einer Sahnetorte strahlte das Zentrum Phantásiens; und in der Mitte die Knospe, die *Magnolienblüte,* der Sitz der *Kindlichen Kaiserin.*

Seit Wochen wurde der Drehtag vorbereitet. In dieser Szene, in der Atréju das magische AURYN überreicht bekommt und damit den Auftrag erhält, Phantásien zu retten, mußte der Teufel los sein. Alle Wesen des Phantásienlandes hatten eine Abordnung geschickt: der Platz vor dem Thronsaal der Königin war gedrängt voll von unheimlichen Wesen – so sah es das Drehbuch vor.

Doch in Wirklichkeit sah die Sache ganz anders aus. In dem riesigen Set wirkten ein paar Creatures völlig verloren, wie ein paar letzte Krümel auf einem abgegessenen Kuchenteller.

Dabei hatten Diemut Remy und Juan getan was sie konnten. Das Erbe von Ul De Rico hatte sich als schwere Bürde erwiesen. Nur zwanzig der etwa fünzig Wesen, die

Die Wesen mit den zwei Gesichtern

der Creative-Direktor noch während seiner Amtszeit gezeichnet hatte, ließen sich in die Wirklichkeit der Filmwelt umsetzen.

Doch zum Glück überlegte sich das Team rechtzeitig, daß die paar Figuren auf dem riesigen Set kaum zu erkennen wären. Also wurden in aller Eile noch dreißig neue Figuren entworfen. Juan und Kostümbildnerin Diemut arbeiteten mit ihren Mitarbeitern manchmal bis spät in die Nacht. Für das Kostüm-Department stellten sich dabei absurde Aufgaben.

»Ich weiß, wie jemand vom Hof Ludwigs XIV. gekleidet war«, stöhnte Diemut, »aber, wie um Himmels willen, könnte ein Vogelmensch oder ein Fischmensch angezogen sein?«

Ständig wälzte die Kostümchefin Bücher mit Masken und Kleidern irgendwelcher exotischer Volksstämme. Tagelang rasten ihre Mitarbeiter durch München, auf der Suche nach ungewöhnlichen Stoffen. Schließlich gelang es, eine ganze Reihe von prächtigen Wesen zu erschaffen – ganz ohne technische Spielereien.

Die Trick-Creatures waren schon lange vorher in Arbeit. Einige der Kostüme und Masken, die alle von Statisten getragen wurden, hatten elektronisch gesteuerte Zusatzfunktionen. Wie zum Beispiel die Menschen mit den zwei Gesichtern. Mit einem versteckten Auslöser konnten die Schauspieler dabei das dritte, künstliche Auge in ihrer Maske von rechts nach links bewegen und sogar zwinkern. Verantwortlich für diese Effekte war Nigel D. Trevessey. Brian Johnson hatte den *Animatronics Engineer* im letzten Moment eingekauft. Der Engländer brachte die nötige Erfahrung mit, denn er hatte erst ein Jahr zuvor den Puppenfilm *Dark Crystal* mitgestaltet.

Auf diese Weise entstanden so phantastische Wesen wie die Vogelmenschen oder die Eisköpfe. Dazwischen huschten auch ein paar echte Zwerge durchs Set und Lizzy, die 99 Zentimeter große Frau aus Hamburg.

In einem Fall mußten allerdings die Trickleute passen: *Cairon*, der Zauberer und Minister der *Kindlichen Kaiserin*, war eigentlich als Wassermann gedacht. Er sollte in einer Wanne von seinen Dienern durch das Set getragen werden. Auf den Entwürfen sah die Sache nicht schlecht aus. Aber es zeigte sich schon bald, daß man mindestens acht starke Männer gebraucht hätte, um die schwappelige Sänfte zu transportieren. Ganz abgesehen von den vielen Treppenstufen, die die Figur hinauf und hinunter bewegt werden sollte.

Schließlich wurde die Rolle mit dem amerikanischen Schauspieler Moses Gun besetzt. Der zwei Meter große Neger gilt als Star in Hollywood. Er hatte Rollen in *Rollerball, Ragtime* und *Shaft* gespielt. Für die *Unendliche Geschichte* hatte Arthur Collin dem Schauspieler den Kopf mit Schaumstoffteilen so verändert, daß Moses aussah, als wäre ihm der Schädel in Form eines Helmes gewachsen.

Es ist viel Organisation nötig, um an diesem Donnerstag im Juli den ›Dreh‹ vorzubereiten. Seit sieben Uhr morgens stehen die 78 Creatures in ihren Kostümen herum und versuchen, irgendwo ein schattiges Plätzchen zu finden. Für einige ist es ein qualvoller Job. Unter den Rüstungen und Pelzen klettert die Temperatur auf rund 50 Grad. Über ein System aus Schläuchen läßt die Aufnahmeleitung schließlich kalte Luft aufs Set pumpen. Dankbar nehmen die Statisten diese *Klimaanlage* und blasen sich frischen Wind unter die Kostüme.

»Wir bezahlen die Leute erst am Ende der Woche«, hatte Risa Kes in weiser Voraussicht festgelegt, »sonst kommen die uns doch am nächsten Tag nicht mehr.«

Petersen ist an diesem Tag in Hochform. Er liebt es ganz offensichtlich, viele Menschen zu dirigieren. Er teilt die Statisten auf dem Set auf, korrigiert die Positionen. Wenn ihm der Ventilator hinter seinem Regiestuhl die langen blonden Haare über der beginnenden Stirnglatze durcheinanderfegt, ordnet er sie schnell und eitel mit einer kleinen Handbewegung.

Colin Arthur und Moses Gunn als Cairon

Drei Kameras hat Jost Vacano aufgebaut. Die einzelnen Bildausschnitte kann Petersen auf den Monitoren in seiner Regieecke kontrollieren.

Auf den Bildschirmen sieht das Set gar nicht mehr so schlimm aus, obwohl die Riesenfläche auch mit 78 Creatures noch deutlich *unterbesetzt* ist.

»Da gibt es Kameraleute, die machen aus einem Klo einen Palast«, hatte mir Zehetbauer einmal gesagt, »und andere die machen aus einem Palast ein Klo.« Jost Vacano versuchte sein Bestes. Erst viele Monate später konnte er erleichtert aufatmen: Zusammen mit dem gemalten Hintergrund und den künstlichen Wolken sah die Szene sehr eindrucksvoll aus. Aber bis dahin bereitete der *Elfenbeinturm* dem Kameramann einige schlaflose Nächte.

»Action«, donnerte Petersen ins Megafon, und das Set setzte sich in Bewegung. Langsam öffnete die Hydraulik eines der Blätter an der *Magnolienblüte*. 70000 Watt Scheinwerfer strahlten auf das Set. Aus diesem gleißenden Licht trat *Cairon*. Um ihn besser zur Geltung zu bringen, hatte die Kostümabteilung den 65jährigen Schauspieler auf Theaterschuhe mit 20 Zentimeter hohen Sohlen gestellt. »Egal, wie ihr's macht«, hatte Petersen noch gewarnt, »aber bringt ihn mir heil herunter!«

Wie aus einer gelandeten Raumfähre steigt *Cairon* über die lackierten Stufen der *Magnolienblüte*. In diesem Moment passiert es: Moses stolpert über seinen bodenlangen Umhang, rutscht aus und stürzt 1,50 Meter tief in die Dekoration. Ein Aufschrei, doch zum Glück hat der Schauspieler sich nichts getan. André Heller, der an diesem Tag als Gast zuschaut, bleibt unbeeindruckt: »Allein was dieses Set hier kostet«, sagt er trocken, »davon könnte ich zwei *Flick-Flack* auf die Beine stellen.«

Oben: Der Elfenbeinturm. Unten: Die kindliche Kaiserin

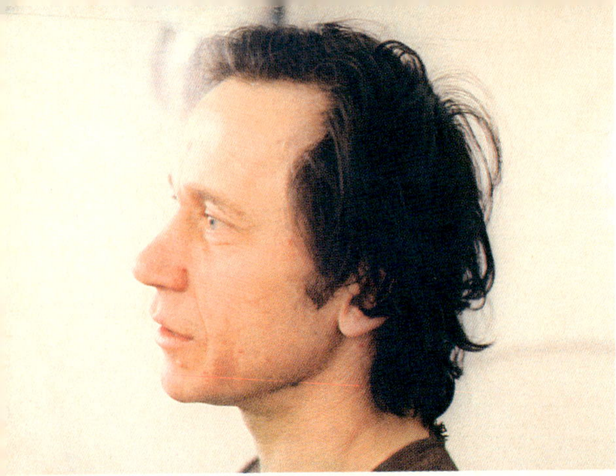

Die Verwandlung des Schauspielers Tilo Prückner in den Nachtalb

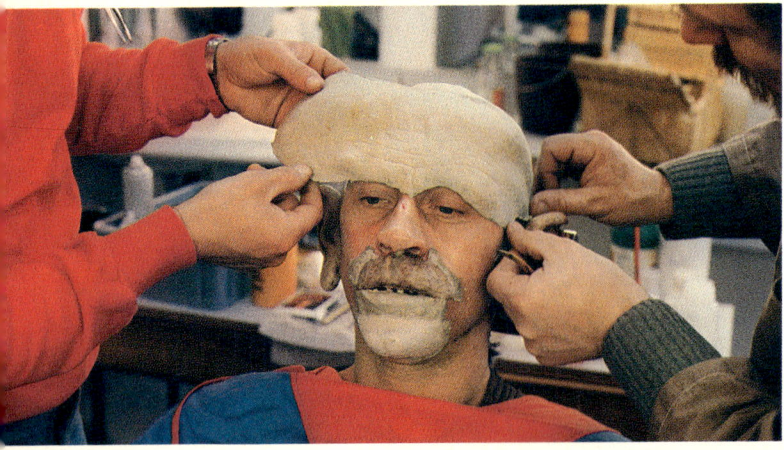

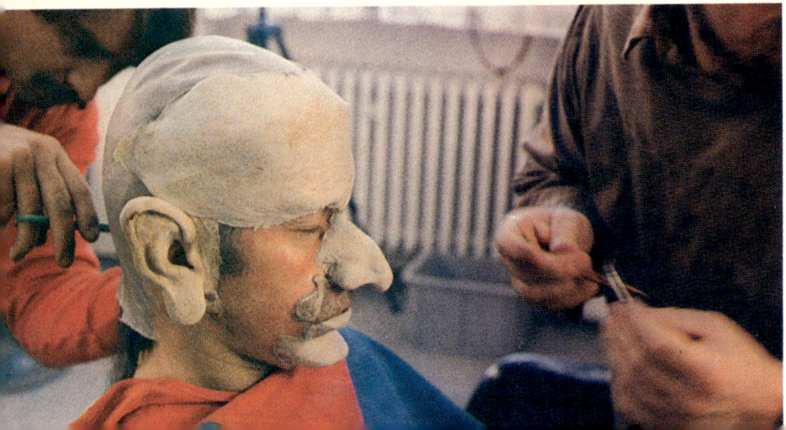

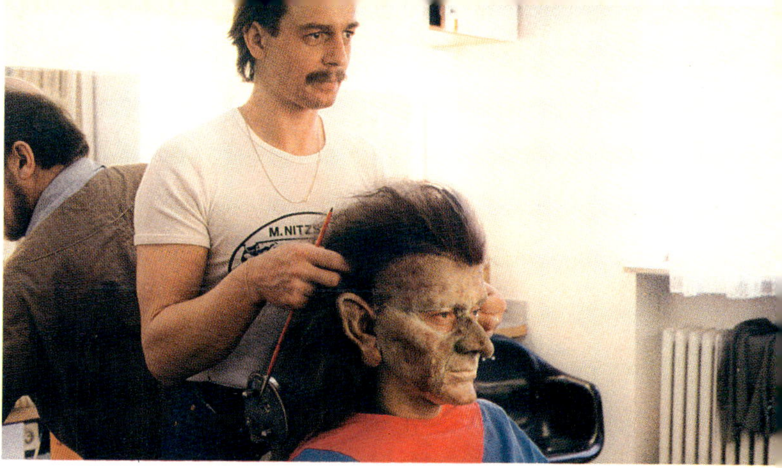

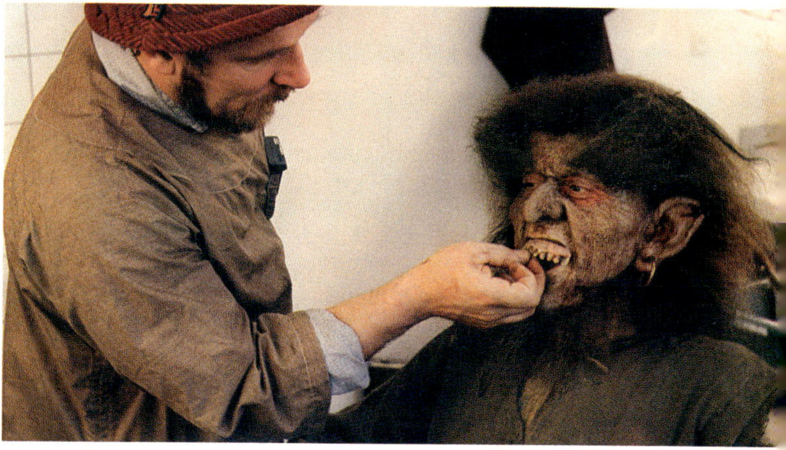

Oben: In den Sümpfen der Traurigkeit.
Unten: Atréju vor dem Zembergspiegel.

Gmork

»Es kamen aber nur zwei Schnarcher. Das ist einer zu wenig«, Petersen war sauer. Dabei hatte er es mit dem perfektesten Tier zu tun, das die Techniker der *Unendlichen Geschichte* konstruiert hatten, mit *Gmork* – oder besser gesagt, mit dem sprechenden Kopf des Werwolfs.

Der Drachenkopf hatte genau 16 Bewegungsmöglichkeiten. Beim *Gmork* übertrafen sich die Creature-Ingenieure selber: Das Gesicht der Bestie ließ sich in 59 Richtungen verändern! Juan und Giuseppe Tortora hatten ein spezielles System ersonnen, mit dem sich die Lippen, die Nase und die Zunge des Ungeheuers verändern ließen. Juan behauptete, damit könnte *Gmork* jeden Buchstaben des Alphabets artikulieren.

Allerdings war für diese Super-Kreatur auch eine ganze Armee von Puppenspielern nötig. Siebzehn Leute saßen hinter der Dekoration und zogen gleichzeitig an Hebeln, drehten Schalter und drückten Knöpfe.

Bob Easton, der normalerweise mit den Schauspielern die Dialoge einstudierte, hatte auch die schwierige Aufgabe übernommen, den Creatures das Sprechen beizubringen. Auf sein Kommando hörten die Puppenspieler. Eine äußerst komplizierte Angelegenheit, wenn man bedenkt, daß allein für eine so simple Bewegung wie *Mund auf* fünf Personen verschiedene Hebel bedienen mußten. Fletschte der Werwolf zum Beispiel die Oberlippe, waren drei Leute beteiligt. Einer zog die Nasenspitze hoch, ein anderer kräuselte den Nasenrücken, und der nächste blähte die Nasenflügel.

»Das Problem ist«, erklärte der Dialog-Coach geduldig, »daß ihr noch nicht das richtige Gefühl für die englische Betonung der einzelnen Worte habt.«

Schließlich hatte jeder der siebzehn Puppenspieler den Dialogtext vor sich, der synchron per Tonband über Lautsprecher abgefahren wurde. Mit roten Strichen waren Buchstaben und Silben auf den Text-Seiten markiert – die Momente in denen jeder Spieler an seinen Hebeln ziehen mußte. Damit die *Gmork*-Mannschaft sehen konnte, ob die Zusammenarbeit klappte, wurde das Bild des Werwolfes per Video hinter die Bühne übertragen.

»Achtung«, sagte Petersen, »macht jetzt noch mal eine richtig bösartige Version!« Schnell sprang Arthur Collin ins Bild, um mit dem Wasserzerstäuber noch mal den bösartigen Geifer im Wolfsrachen aufzufrischen.

»Ton ab und Action.«

»I kill you«, fauchte die Stimme vom Tonband, daß von Sound-Chef Edward Parente unermüdlich vor- und zurückgespult wurde. Dazu hechelte der Wolf, und seine elektrisch beleuchteten Augen glühten grün auf. Petersen starrte das Tier an, als würde er es anspringen, wenn es wagen sollte noch einen Fehler zu machen.

Der Regisseur konzentrierte sich auf das Ungeheuer wie auf einen Schauspieler, den er mit seinem strengen Blick zu noch besseren Leistungen anspornen könnte. Der Regisseur zeigte seine Zähne, wenn der Wolf sein Gebiß fletschte und knurrte oder wenn der Wolf aufheulte.

Es war ein minutenlanger Dialog, der von den Puppenspielern ein Höchstmaß an Konzentration forderte. Schon ein paarmal waren sie in den letzten zwei Stunden an dieser Szene gescheitert. Doch diesmal schien es zu klappen. Vor Spannung nagte Petersen an seiner Unterlippe. Der *Gmork* brüllte, und von oben schüttete Wacki drehbuchgemäß Staub und Steine ins Bild.

»Aus«, schrie Petersen und ließ sich erschöpft in seinen Regiestuhl zurücksinken.

»Ist dir warm, Uwe?« fragte er im nächsten Moment den Boß des Video-Departments, der sich müde die schwere JVC-Kamera von der Schulter hob. Es hatte keine fünf Sekunden gedauert, und der Regisseur war wieder völlig relaxed. Die Spannung der letzten Minuten war völlig vergessen – die Einstellung hatte ihm gefallen.

Die letzte Runde

Die Arbeit am größten Set Europas hatte sich gut eingespielt. Die Dreharbeiten lagen im Zeitplan, und sogar die Filmversicherung schien an einen Erfolg des Unternehmens zu glauben. Sie hatte ihre Beobachter vom Schauplatz des Geschehens abgezogen. Bernd Eichinger machte schon lange ein glückliches Gesicht. Am Freitag, dem 13. Mai, waren die letzten Verträge mit den USA perfekt gemacht worden. Über 17 Millionen Mark hatte der Produzent bis zu diesem Tag vorlegen müssen.

Verärgert über die ganze Verfilmung war nur noch Michael Ende. Am 4. Juli kam er nach München geflogen, um sich absprachegemäß die Muster anzusehen. Er war fast zwei Stunden im Vorführraum V und sah seine düsteren Ahnungen bestätigt. Stumm saß er im Kino, flog nach Rom zurück, setzte sich auf die Terrasse seines Hauses in Genzano und schmollte.

»Mein Glücksdrache ist ein Super-Goofy geworden«, klagte Ende, als ich ihn kurz darauf in seinem italienischen Domizil besuchte, »ich wollte die Phantasie des Zuschauers leise anregen. Aber dieser Film wird so laut, da bin ich ja schon beim Lesen des Drehbuches taub geworden.«

Er hatte sich vertraglich zusichern lassen, daß er noch im letzten Moment seinen Namen zurückziehen dürfte, und ich hatte an diesem Sommertag in Italien das Gefühl, als wäre er entschlossen, von diesem Recht Gebrauch zu machen.

Die letzte Szene des Films war noch einmal etwas geändert worden. Um die Story abzuschließen, fliegt jetzt Bastian auf dem Rücken von *Fuchur* durch die Straßen seiner amerikanischen Heimatstadt und jagt die Buben, die ihn immer verhauen haben.

Natürlich hatte das mit der Romanvorlage überhaupt

nichts mehr zu tun, aber als Film-Gag und effektvolles Ende war dieser neue Einfall wirklich erstklassig.

Michael Ende hatte sich immer darüber aufgeregt, daß ihm die Effekte im Film zu deftig und zu bunt waren, vor allem was die Darstellung des alles verschlingenden *Nichts* betraf. Dabei hatte die Produktion tatsächlich mit Verfallserscheinungen zu kämpfen, die so ganz im Sinne des Romanautors gewesen wären: Die Creatures lösten sich auf.

Dieses wahre Ende der *Unendlichen Geschichte* vollzog sich in aller Stille in den Hallen, wo die Ungeheuer auf ihre letzten Auftritte warteten. Die Schaumstoffmasse zerfiel einfach. Arthur Collin hatte eine halbe Tonne Latex-Schaum verwendet, um die Creatures zu formen; in das technische Innenleben der Phantasiefiguren waren Millionen investiert worden, aber jetzt stellte sich heraus, daß sie einer ganz alltäglichen Belastung nicht gewachsen waren: dem Tageslicht.

Collin hatte die Mischung seines Spezial-Schaumes immer geheimgehalten und einige Teammitglieder behaupteten schon, er habe die Masse extra so gemixt, daß sie zerfällt. Aber obwohl alle Grundstoffe zur Untersuchung in ein chemisches Labor gebracht wurden, konnte keine endgültige Lösung gefunden werden. Die Zerfallserscheinung läßt sich zwar hinauszögern aber nicht aufhalten.

Allerdings waren die Creatures nicht die einzigen, die Ermüdungserscheinungen zeigten. Dem englischen Team machte die lange Abwesenheit von zu Hause zu schaffen. Von den 185 Leuten flippte alle paar Tage einer aus. Meist aber genügte schon eine feuchtfröhliche Party, um Ärger zu vergessen, Streitigkeiten zu schlichten oder die Sehnsucht nach Großbritannien zu dämpfen. Doch manchmal half auch das Münchener Bier nicht mehr.

Ein Techniker lief nachts zur Polizei. Er fühlte sich von Felsenbeißern, Glücksdrachen und Rennschnecken verfolgt. Die Beamten lieferten den Mann sofort in die

Nervenklinik ein. Es dauerte Tage, bis der behandelnde Arzt davon überzeugt war, daß er es nicht mit einem Verrückten zu tun hatte, sondern mit einem überdrehten Mitarbeiter der *Unendlichen Geschichte,* geschafft von einem Sommer voller Hitze, Streß und künstlichen Ungeheuern. Wenn es ganz schlimm wurde, durften die Engländer kurzen Erholungsurlaub bei der Familie machen. Für fünf kam jedoch alle Hilfe zu spät – sie ließen sich scheiden.

In diesen letzten Wochen der Dreharbeiten witterten auch andere Produktionen ihre Chance. Mit großem Elan fing eine Münchener Firma an, den zweiten Ende-Roman *Momo* zu verfilmen. Sie kaufte sich die Techniker aus der *Unendlichen Geschichte* und versuchte mit einer Low-Budget-Produktion noch vor dem Mammutprojekt auf dem Markt zu sein. Doch schon nach wenigen Wochen schlief das ganze Unternehmen wieder ein. Die Produktion war an den Kosten gescheitert.

Ganz abgesehen davon, daß die Rechte für die *Momo*-Verfilmung noch völlig ungeklärt sind. Ich glaube auch nicht, daß Ende so bald wieder sein Einverständnis für die Verfilmung eines seiner Bücher geben wird.

Hannes Nikel war inzwischen mit seinem Team aus Spanien zurückgekehrt, wo die meisten Außenaufnahmen zur *Unendlichen Geschichte* entstanden waren. Sequenzen, die den einsamen Ritt Atréjus durch Phantásien zeigen. Die gespenstischen Himmelsformationen auf den Bildern waren allerdings erst später von Mike White dazugemischt worden.

Brian Johnson hatte phantastische Flugaufnahmen aus den USA mitgebracht. Dafür war er aber auch zehn Tage lang mit dem Learjet über die schönsten Landschaften Amerikas gedüst und hatte 40 Rollen Film durch die zwei eingebauten Kameras des gecharterten Jets laufen lassen.

Die Dreharbeiten in der *Bavaria* waren bereits in die letzte Phase gekommen, als zum erstenmal der eigentliche Hauptdarsteller der Story auftauchte: Bastian.

Bastian

Der kleine Bub stand in der Ecke des Studios und sagte gar nichts. Anna Gross hatte ihm ein paar Drehbuchseiten in die Hand gedrückt. Er war das letzte Kind, das sich die amerikanische Besetzungschefin an diesem Tag im November 1982 in dem gemieteten Castingraum in Hollywood noch ansehen wollte.

Ihre unermüdliche Mitarbeiterin Penny Perry hatte den kleinen Barret Oliver aufgetrieben. Eigentlich sah er mit seinen zehn Jahren viel zu jung aus für die Rolle des Bastian, aber er hatte schon einige Erfahrung als Schauspieler in einer amerikanischen TV-Serie gesammelt.

Jetzt stand das Kind völlig allein in dem großen, hellen Video-Studio und sah stumm vor sich hin. Er sollte eigentlich ins Bild gelaufen kommen, außer Atem sein und dann ein paar Sätze sprechen. Das war ein Stück aus der Szene, in der Bastian sich vor den bösen Klassenkameraden in den Buchladen von Koreander rettet. Dorthin, wo er später das Buch *Die unendliche Geschichte* klaut. Barret hatte keine weiteren Fragen zu der Szene gehabt. Er wollte nicht einmal proben. Er wollte nur, daß es endlich losginge. »Mein Gott«, dachte Anna Gross, »der geborene Verlierer.« Aber weil er nun schon mal gekommen war, ließ sie die Video-Kamera laufen.

»In diesem Moment war es so, als hätte ich damit gleichzeitig diesen schweigsamen Buben eingeschaltet«, erinnert sich die Amerikanerin an die merkwürdige Begegnung. Barret spielte die kurze Szene mit Hingabe.

»Er war einfach zauberhaft«, sagte Anna. In New York, Chicago und Los Angeles hatte sie mit ihrer Assistentin wochenlang nach einem jungen Talent gesucht. Doch keiner der über 200 möglichen Bastians hatte ihr gefallen.

»Was dieser Bub da vorführte war wirklich unglaublich«, sagte Anna, »aber er wirkte einfach viel zu jung.«

Barrett Oliver als Bastian

Im April '83 bestellte sie sich Barret noch einmal ins Studio. Die *Neue Constantin* brauchte dringend die Besetzung für eine der wichtigsten Rollen in ihrem Film. Alle Aufnahmen mit Bastian lagen zwar erst ganz am Ende der Dreharbeit, doch langsam wurde die Sache brenzlig. Als Barret Oliver nach sechs Monaten zum zweitenmal vor Anna stand, glaubte sie, zuerst, er habe seinen älteren Bruder geschickt: »Es ist unglaublich, wie sehr sich ein Kind in so kurzer Zeit verändern kann.«

Die *Neue Constantin* war angetan von dem neuen Video-Band. Jetzt mußte nur noch der Regisseur den Buben begutachten. Die einzige Möglichkeit ergab sich, als Petersen zur Oscar-Verleihung nach Los Angeles kam. Doch der Terminkalender des Regisseurs war eng. Erst kurz vor seinem Rückflug konnte er sich mit Barry treffen. Die Begegnung fand in der VIP-Lounge der Lufthansa auf dem Los-Angeles-Airport statt. Die Direktmaschine nach München war schon das erstemal aufgerufen worden, als der stille Bub mit den großen Augen von seiner Mutter in den Aufenthaltsraum geführt wurde.

Petersen war begeistert. Der Regisseur, der selber einen fünfzehnjährigen Sohn hat, plauderte mit Barret, als gäbe es keine anderen Termine mehr.

Die Abflugzeit der Maschine war bereits überschritten, doch für ihren prominenten Gast hielt die Lufthansa einige Minuten länger die Tür ihres vollbesetzten Jumbo-Jets offen.

»Ich glaube, der ist es«, sagte Petersen, als er sich schließlich neben Jost Vacano in den breiten Erste-Klasse-Sessel fallen ließ.

Ein paar Wochen später erschien Barret Oliver mit seiner Mutter zu Probeaufnahmen in München – und bekam die Rolle.

Überraschungen

Die berühmte Berliner Straße auf dem *Bavaria*-Gelände war ursprünglich für Bergmanns *Schlangen* gebaut worden. Seitdem wurde die Dekoration in mindestens fünfzig verschiedenen Filmen wiederverwendet. Auch die *Unendliche Geschichte* lieh sich den fotogenen Straßenzug aus.

In eines der Häuser war das alte verwunschene Geschäft vom Buchhändler Koreander eingebaut worden. Dafür hatte sich in der Straße einiges verändert. Auf einer Länge von dreißig Metern war die Kulisse in ein Stück Amerika verwandelt worden.

Requisiteur Richard Egelseder hatte ganze Arbeit geleistet. Nach Fotos aus Vancouver, wo die Außenaufnahmen noch entstehen sollten, wurden Läden, Fassaden und Bordsteine exakt nachgebaut. Von den Parkverbotsschildern, den Reklametafeln in den Schaufenstern, bis zu den Lichtschaltern im Buchgeschäft, alles war original kanadisch und somit international genug geworden. Die Leute, die die Straße bevölkerten, hatte Risa Kes bei der Army in München ausgeliehen. Ihre Autos hatten die Statisten gleich mitgebracht, und Richard Egelseder montierte Original-Nummernschilder aus Vancouver daran. Es blieb sein Geheimnis, wo er all die ausgefallenen Requisiten aufgetrieben hatte, auf jeden Fall waren die Sachen immer da, wenn sie gebraucht wurden.

In drei amerikanischen Bibliotheken hatte der Requisiteur 53 Meter US-Literatur ausgeliehen. Als nach dem zweiten Umbau die Bücher planlos durcheinandergekommen waren, verlor der Chef der Requisite fast die Beherrschung. Es würde Stunden dauern, bis die Bücher wieder sortiert wären, damit sie an ihren Besitzer zurückgeschickt werden konnten.

Bastian war großartig. Schon in den ersten Szenen

zeigte sich, was für einen guten Griff die *Neue Constantin* mit diesem jungen Schauspieler getan hatte. Koreander war mit dem Amerikaner Tom Hill besetzt worden, genau dem richtigen Gegenspieler für den kleinen, schüchternen Buben.

Noch im letzten Moment hatte es eine Drehbuchänderung gegeben. Im Original-Skript nimmt Bastian das Buch *Die unendliche Geschichte* einfach mit, während Koreander telefoniert. Doch das war den Amerikanern wohl zu frech. Jedenfalls mußte auf Weisung aus Hollywood der Bub einen kleinen Zettel zurücklassen mit den Worten: »Ich habe das Buch nur ausgeliehen.« Kleine amerikanische Buben müssen im Film eben immer brav und sauber bleiben!

Die eigentliche Szene spielte sich im Buchladen ab. Nur für Sekunden erfaßte dabei die Kamera aus dem Geschäft heraus, was sich draußen auf der Straße tat. Für diesen kurzen Blick hatte die Produktion einen schönen Zauber veranstaltet. Aber genau diese Detailgenauigkeit macht auch die Stärke eines solchen liebevoll präparierten Fantasy-Films aus.

Aus einem ganz anderen Grund hatte die Szene in der Berliner Straße auch etwas Groteskes. Erst wenige Tage zuvor mußte die berühmte Gasse für den Film *Moscow at the Hudson* herhalten. Jetzt ging der amerikanische Teil nahtlos in die russische Dekoration über. Direkt neben dem letzten amerikanischen Straßenschild klebte die *Prawda* an der Wand.

In Koreanders Buchladen hatte sich Bastian so richtig warmgespielt. Was wirklich in ihm steckte, zeigte er in dem letzten großen Set, das für die *Unendliche Geschichte* gebaut wurde: Der Dachboden des Schulhauses. Ursprünglich hatte man einmal geplant, diese Szene in einem richtigen Dachboden zu drehen. Aber zum Glück kam die Produktion schnell wieder von dieser Idee ab. Die Dachböden der heutigen Schulen haben nichts Romantisches mehr. Sie sind kahl, kalt und aufgeräumt.

Koreanders Buchladen. Barrett Oliver als Bastian und Tom Hill als Koreander

Doch der Speicher der *Unendlichen Geschichte* sollte viel mehr sein.

Es war das Versteck von Bastian. Ein Platz, so einsam wie ein Berggipfel, aber auch so geheimnisvoll wie ein verwunschenes Schloß. Ein Ort, an dem alles möglich ist, an dem auch die phantastischsten Träume Wirklichkeit werden können. Ein Raum, der lebt und nur darauf wartet, daß jemand kommt, dem er das Tor zu einer anderen, phantastischen Welt öffnen kann.

Zehetbauer und sein Architekt Götz Weidner haben so

einen Dachboden gebaut – mitten in die Halle 4/5. Es war eine winkelige Konstruktion mit schrägen Fenstern. Balken und Stützen liefen durch den Raum. Es gab verschiedene Ebenen, eine kleine Galerie und ein Türmchen.

Die Requisite hatte ganz tief im Fundus gegraben. Nicht nur, daß es jede Menge original amerikanisches Gerümpel gab; der Kram sah wirklich so aus, als hätte er schon Jahrzehnte auf dem Dachboden vor sich hin gerottet.

Zwischen all den Spinnweben, Kisten, Gerippen und ausgestopften Krokodilen spielte Bastian. Er kauerte auf einer großen Matratze, las und geriet mehr und mehr in den Sog des alten Buches, das er bei Koreander mitgenommen hatte, der *Unendlichen Geschichte*.

Der Augenblick, in dem Bastian merkt, daß es seine eigene Geschichte ist, die er da liest, gehört für mich zu den schönsten Szenen des Films. Wenn draußen der *Special-Effect*-Mann die Blitzanlage ein- und ausschaltete und mit dicken Schläuchen Gewitterregen gegen die Fenster schmiß, zeigte Barret Oliver, wie gut er ist. Sein Erschrecken, sein ungläubiges Staunen und seine Tränen waren wirklich mehr, als sich die Produktion erhoffen konnte.

Effekte

Fünf Tage hatte Götz Weidner gebraucht, bis seine letzte Konstruktion stand: Eine gewaltige Plattform, fünf Tonnen schwer, die in 2,50 Metern Höhe in der Halle 4/5 schwebte. Das Ding von den Ausmaßen einer Drei-Zimmer-Wohnung hatte einen besonderen Gag: Es konnte auf zwei Gelenken genau um 90 Grad in die Senkrechte gedreht werden, und darauf kam es in der Szene an.

Laut Drehbuch erfaßte das *Nichts* auch die Ruinenstadt, in der Atréju den Werwolf besiegt hat. Die Mauern lösen sich auf. Wie von einem gewaltigen Sturm erfaßt fliegen die Steine aus dem Bild. Atréju kann sich noch an einem knorrigen Baum festhalten. In einem Tosen von Sturm, Dreck und vorbeifliegenden Steinen schwebt der Bub waagrecht über dem Boden – bis das *Nichts* ihm auch noch den letzten Halt nimmt...

Sicher hätte man die Mauern aus ganz leichtem Material bauen und mit einem starken Ventilator umblasen können. Aber damit ein kleiner Bub waagrecht in der Luft fliegt, dafür reicht noch nicht mal Windstärke 12 aus.

Für dieses Problem gab es nur eine Lösung: die Drehbrücke, wie die Konstruktion bei den Bühnenarchitekten heißt. Das Geheimnis besteht darin, daß die Kamera auf die kippende Bühne montiert ist. Für den Zuschauer bleibt das Bild also immer in der waagerechten, während die Schwerkraft für verblüffende Effekte sorgt. Nach dieser Methode konnte zum Beispiel schon Fred Astaire die Wände hoch und an der Decke entlang durchs Zimmer tanzen – der ganze Raum war einfach gedreht worden und die Kamera mit ihm.

Hier lag der Fall allerdings noch etwas komplizierter: Auf der Plattform war ein Teil der Ruinenstadt nachgebaut worden, gewaltige Bögen aus imitierten Steinqua-

Der Trick mit der Drehbühne

dern. Dazu gab es noch Büsche und kleine Bäume. Es hätte nicht genügt, die Plattform einfach zu kippen und alles zusammenstürzen zu lassen. Die Steine sollten schließlich fast waagerecht aus dem Bild fliegen, das bedeutete, die Mauern mußten planvoll zerstört werden. In einem Moment, in dem sie von sich aus schon längst zusammengebrochen wären.

Dafür hatte Götz Weidner die tragenden Säulen der Mauerkonstruktionen mit versteckten Auslösern versehen. Nach einem bestimmten Ablaufplan mußten die Bühnenhelfer während des Drehs diesen Mechanismus betätigen, so daß die Mauern von hinten nach vorne zusammenstürzten. Ein Versagen der Mechanik oder der Bedienungsmannschaft wäre unangenehm geworden, denn es dauerte einen ganzen Tag, das Set wieder von Neuem aufzubauen.

Die Mauer war aber nicht das einzige Problem. Im Vordergrund stand Atréju, der in dieser Szene von dem Stuntman Bobby gedoublet wurde. Für den Amerikaner wurde die Sache dadurch erschwert, daß von oben jede Menge Staub und kleiner Styropor-Brocken auf ihn einprasseln würden. In diesem Desaster, in dem die Sicht gleich Null war, mußte er sich auf der Bühne, die immer mehr in Schräglage geriet, etwa bis zur Mitte vorarbeiten. Im letzten Moment sollte er dann ein verstecktes Drahtseil, das seinen Körper hielt, mit einem Karabinerhaken in eine Öse an dem präparierten Baum klinken. So gesichert konnte er sich dann in der letzten Phase, wenn die Bühne senkrecht stand, an dem Baum festhalten und frei nach unten hängen lassen.

»Hast du nicht Angst, daß du ausrutscht und runterfällst?« fragte ich ihn kurz vor Drehbeginn.

»Nein«, sagte Bobby unbekümmert, »das Schlimmste wäre, wenn die ganze Konstruktion über mir zusammenbrechen würde.«

Die Fünf-Tonnen-Anlage war so gelagert, daß sie die Tendenz hatte, sich automatisch in die Senkrechte zu kippen. Daran hinderte sie ein fingerdickes Stahlseil, das während der Aufnahme von einem gewaltigen Elektromotor langsam nachgelassen wurde.

Es gab noch jemanden, für den diese Aufnahme zum abenteuerlichen Erlebnis werden sollte: Jost Vacano. Der Kameramann hatte es einfach satt, die ganze Zeit nur dazusitzen, das Licht und den Kameraausschnitt zu bestimmen, oder seinen Leuten Anweisungen zu geben. Bei den Dreharbeiten zum *Boot* hatte es für Vacano mehr zu tun gegeben. Da hatte er in stickigen U-Boot-Dekorationen oder auf einem schwankenden Floß in der Nordsee gedreht. Diesmal war alles durchorganisiert, jede Kameraposition schon am grünen Tisch festgelegt worden. Jost fehlte einfach etwas. »Ich will mit auf die Bühne«, verlangte der Director of Photography, »baut mir einen sicheren Platz hinter der Kamera Nummer eins.«

Dem amerikanischen Produktions-Chef Robert Edwards fiel fast der Kaffee aus der Hand, als er sah, wie die Bühnenarbeiter eine Art Hühnerstall hinter die 35-Millimeter-Kamera zimmerten. Es gab ein paar Telefongespräche über den heißen Draht. Denn ohne Zustimmung der Produktion hätte die Aufnahmeleitung den Chef-Kameramann nicht opfern wollen. Doch schließlich hatte Jost seinen Verschlag – gepolstert mit einer dicken Schaumgummimatratze und so starken Sicherungsleinen, als wollte er die Eiger-Nordwand besteigen.

»No more talking«, sagte Wolfgang Petersen über die Lautsprecheranlage. Das Aufnahme-Horn dröhnte zweimal, und alle Warnlampen vor den Halleneingängen sprangen auf rot. »Und Action«, sagte Petersen.

Mit leisem Surren sprang der Elektromotor an. Auf einer Seite der Brücke war ein Bühnenmitarbeiter festgeschnallt worden, der eimerweise Staub und Heu in den Luftstrom der acht Ventilatoren schmeißen sollte, die auf dem Set für den nötigen Sturm sorgten. Zehn Leute standen bereit, die Mauer einstürzen zu lassen. Langsam kippte die Bühne nach rechts, zitterte und blieb stehen.

Barrett Oliver als Bastian bei den Dreharbeiten in Vancouver

Irgendwie war die Schaukel ins Ungleichgewicht geraten. Mehr Gegengewicht mußte auf die rechte Seite der Konstruktion gelegt werden. Götz Weidner ließ schnell noch ein paar Zentner auflegen. »Das mache ich ganz nach Gefühl«, erklärte er, als nach einer Stunde der nächste Versuch gestartet wurde.

Diesmal sah die Sache phantastisch aus. Die Bühne kippte und kippte. Von oben flog der Dreck, und Bobby kämpfte sich im *Blindflug* zum rettenden Baum vor. Im Hintergrund stürzte Mauerbogen um Mauerbogen zusammen und wirbelte nach unten.

Video-Ausspiegelungen übertrugen die Bilder der drei Kameras auf Monitore, die vor Petersen aufgebaut waren.

Der Effekt dieser Einstellung war wirklich phantastisch. Das Bild stand völlig unbeweglich. Wie durch eine unsichtbare Kraft bewegt, lösten sich die Mauern auf und flogen aus der Szene. Plötzlich verlor Bobby planmäßig den Boden unter den Füßen und schwebte auf den Monitoren waagerecht in der Luft – die Drehbühne war an ihrem höchsten Punkt stehen geblieben. Alle in der Halle applaudierten. »Not bad«, sagte Petersen.

›The End‹

»Ich danke euch allen für eure tatkräftige Hilfe und eure Energie . . .« Deutschlands erfolgreichster Produzent hatte sich für die Abschlußrede seine saubersten Turnschuhe angezogen. Das ganze Team war zur Abschlußfeier angetreten. Auch das mußte man der größten Filmproduktion Europas lassen: die Feste, die die *Neue Constantin* während der Dreharbeiten veranstaltete, konnten sich durchaus mit Hollywood-Parties messen. *Feinkost-Käfer* hatte 'mal wieder zwei große Zelte im *Bavaria*-Gelände aufgebaut. Es gab italienische Delikatessen und zum Nachtisch Himbeeren, Eis und Schlagsahne.

»Es waren 26 harte Drehwochen. Manche waren sogar anderthalb Jahre hier«, sagte Eichinger zu seinen Mitarbeitern, »aber ich denke, es hat sich gelohnt.«

Wie aufs Stichwort klappte die Zeltplane zurück und Tony Smart führte den Schimmel Artax herein. Die Produktion machte Noah Hathaway seinen vierbeinigen Schauspielkollegen zum Geschenk. Der Bub konnte sein Glück kaum fassen, nur sein Vater sah mit einem etwas gequälten Lächeln in die Runde.

»Weißt du, was es kostet, das Biest nach Amerika zu transportieren?« fragte er mich kurz darauf. »Ich habe mich erkundigt: mindestens 10000 Dollar.«

Aber die geschäftstüchtigen Eltern hatten sich schon eine lukrative Lösung ausgedacht.

»Wenn der Film ein Erfolg wird«, verriet mir Noahs Vater seine neuesten Pläne, »dann kann Noah damit vielleicht in einer Art Rodeo auftreten. Ich denke, daß man für so eine Show 30000 Dollar verlangen kann.«

Während in München die Hallen für die nächsten Filme ausgefegt wurden, waren der eigentliche Schluß und Anfang der *Unendlichen Geschichte* noch gar nicht gedreht.

Bereits einen Tag nach der Feier flog das Team in kleiner Besetzung nach Vancouver. In Kanada entstanden die Aufnahmen, die dem Film den amerikanischen Touch gegen sollten, die Szenen in der Wohnung von Bastian, im Schulhaus und in den Straßen.

Nur zehn Tage arbeiteten die *Constantin*-Leute, dann waren auch diese Aufnahmen im Kasten. Als endgültig die letzte Klappe fiel, gab es Champagner für alle. Es war eine kleine, unauffällige Feier im Stehen. Irgendwo auf einer überfüllten Kreuzung in Vancouver.

Epilog

Die Produktion der *Unendlichen Geschichte* machte ihrem Namen alle Ehre. Sie zog sich auch noch nach Abschluß der Dreharbeiten endlos in die Länge.

Schon Wochen vor der letzten Klappe hatten sich die Cutter über die Berge von Material hergemacht. Das Kommando über die vierzehn Schneidetische hatte dabei Jane Seitz. Es war eine wirklich komplizierte Aufgabe. Die Auflösung und die Anschlüsse der einzelnen Szenen waren für Außenstehende dermaßen unübersichtlich, daß man sich, wenn man die Schneideräume betrat, nie ganz sicher war, ob da eigentlich auch der richtige Film zusammengebaut wurde. Um noch rechtzeitig zum geplanten Starttermin am 6. April 1984 fertig zu werden, mußten die Cutterin und ihre sechs Assistenten mit Hochdruck arbeiten. Auch wenn ein großer Teil der Trickfilmkombinationen noch gar nicht aus den Lucas-Studios in Los Angeles zurückgekommen waren. Die Lücken im Film konnten erst nach und nach geschlossen werden. Ein Wettlauf gegen die Zeit hatte begonnen.

Der 12. Dezember '83 war ein denkwürdiges Datum für die Produktion. An diesem Tag saßen Bernd Eichinger und sein engstes Team im Vorführraum der *Warner Bros.* in Hollywood. Die amerikanischen Geldgeber wollten endlich den Rohschnitt sehen.

In aller Eile hatten die Leute der *Neuen Constantin* die wenigen unfertigen Stücke im Film noch ergänzt. Es waren einfach die Bilder aus dem Storyboard abgefilmt und dazwischengeschnitten worden. Jetzt saßen die Filmer aus München in dem klimatisierten Kino und schwitzten.

Aber dann geschah etwas, was jeden Produzenten hoffen läßt: niemand verließ während der Vorstellung den Raum. Als es wieder hell wurde, soll sich einer der

Warner-Leute zu Eichinger umgedreht und gefragt haben: »Das alles haben sie für nur 25 Millionen Dollar auf die Beine gestellt?«

Die Amerikaner waren sprachlos. Der gleiche Film hätte in den USA wahrscheinlich das Doppelte gekostet. Die Filmleute aus Germany strahlten. Sie hatten 100 Kinominuten abgeliefert, die viel mehr als *nur* ein Fantasy-Film waren.

Sicher, an einigen Stellen hatte das Drehbuch sich von der Buchvorlage entfernt. Aber die Idee, die in dem Ende-Roman steckte, war erhalten geblieben, trotz aller Tricks, trotz allem technischen Aufwand und trotz aller Bedenken, die einige Kritiker und Ende selber schon während der Dreharbeiten an dem Mammut-Projekt hatten.

Es ist eine sensible Geschichte geblieben; über die Zerstörung der menschlichen Phantasie und die Vernichtung unserer bedrohten Umwelt. Aber es ist gleichzeitig ein hoffnungsvoller Appell an die kreative Kraft, die in den Menschen steckt und mit der sie ihre Welt vor dem Untergang retten können.

Rund 587400 Arbeitsstunden waren nötig, um diesen Film herzustellen, der weltweit in über 1000 Kopien laufen wird. Er konnte entstehen, weil es ein paar Leute gab, die trotz aller Schwierigkeiten ihre Vision von einem ungewöhnlichen Film verwirklicht haben.

»Zuletzt spielt es überhaupt keine Rolle mehr, ob bei den Dreharbeiten Existenzen zerstört wurden oder ob du gelitten und dein Letztes gegeben hast«, hatte mir Bernd Eichinger an einem Sommerabend vor zwei Jahren gesagt. »Das einzige, was für den Zuschauer zählt, ist doch: Was bekomme ich für meine 9,50 Mark in 90 Kinominuten geboten?«

Dann hatte sich der Produzent wieder an seinen Schreibtisch gesetzt. Es war zwar schon nach 21 Uhr, aber er mußte noch unbedingt nach Amerika telefonieren, denn er hatte einen phantastischen Plan: Er wollte die *Unendliche Geschichte* verfilmen.

BERND EICHINGER und BERND SCHAEFERS
zeigen eine Produktion der
NEUE CONSTANTIN FILM
in Zusammenarbeit mit BAVARIA ATELIER
Ein WOLFGANG PETERSEN Film

DIE UNENDLICHE GESCHICHTE

Besetzung

Bastian	*Barret Oliver*
Bastians Vater	*Gerald McRaney*
Erstes Straßenkind	*Drum Garret*
Zweites Straßenkind	*Darryl Cooksey*
Drittes Straßenkind	*Nicholas Gilbert*
Koreander	*Tom Hill*
Winzling	*Deep Roy*
Nachtalb	*Tilo Prückner*
Cairon	*Moses Gunn*
Atréju	*Noah Hathaway*
Fuchurs Stimme	*Alan Oppenheimer*
Engiwok	*Sidney Bromley*
Urgl	*Patricia Hayes*
Die Kindliche Kaiserin	*Tami Stronach*

Stab

Regisseur	*Wolfgang Petersen*
Produzent	*Bernd Eichinger*
Drehbuch	*Wolfgang Petersen*
	Herman Weigel
Co-Produzent	*Günter Rohrbach*
Bildgestaltung	*Jost Vacano*
Design Konzeption	*Ul De Rico*
Ausstattung	*Rolf Zehetbauer*
Musik	*Klaus Doldinger*
Schnitt	*Jane Seitz*
Spezial- und visuelle Effekte	*Brian Johnson*
Spezial-Masken und Skulpturen	*Colin Arthur*
Regie 2. Team	*Hannes Nikel*
Toneffekte	*Mike le Mare*
Tonmischung	*Milan Bohr*
Herstellungsleitung	*Trevor Pyke*
	Robert Gordon Edwards
Produktionsleitung	*Harry Nap*
	Anna Gross
Assistentin von Bernd Eichinger	*Kirsten Hager*
Architekten	*Götz Weidner*
	Herbert Strabl
	Johann Iwan Kot
Kostüme	*Diemut Remy*
Farbbestimmung	*Ernesto Novelli*
Ingenieur Spezial-Effekte	*Ron Hone*
Ingenieur Animatronics	*Joe Brayda*
Spezial-Effekte 1. Team	*Philip Knowles*
Spezial-Effekte 2. Team	*Barry Whitrod*
Tank Spezial-Effekte	*Mike White*
Motion Control	*Dennis Lowe*

Optische Tricks	*Bruce Nicholson*
Matte Paintings	*Michael Pangrazio*
Chefkameramann 2. Team	*Franz Rath*
Leitung Videoabteilung	*Uwe Bendixen*
1. Schnittassistent	*Robert Gavin*
Besetzung	*Risa Kes*
	Penny Perry, B.C.I., Inc.
Zusätzliche Dialoge	*Helmut Dietl*
	Robert Kaston
Deutsche Dialog-Regie	*Ottokar Kunze*
Tonmeister Originalton	*Ed Parente*
	Chris Price
Dialogschnitt	*Illo Edrulat*
Musikschnitt	*Bob Hathamay*
Geräuscheschnitt	*Karola Storr*
Zusätzlicher Tonschnitt	*Peter Bond*
Tonmischung dtsch. Dialog	*Christian Schubert*
A. D. R. Mischung	*Werner Böhm*
Geräusche Mischung	*Heinz Schürer*
1. Aufnahmeleitung	*Jürgen Bieske*
2. Aufnahmeleitung	*Thomas Jauch*
	Michael Naimer
2. Regieassistenten	*William Wilson*
	Paula Swauger
Koordination Skript	*Jean Bereziuk*
Produktionsassistentin	*Annie Nap-Oleon*
Illustrationen u. Storyboards	*Juan Japl*
Illustrationen	*Ernie Kollar*
Storyboards	*Peter Classey*
	Jimmy Stepanoff
	Josip Trupinov
Außenrequisite	*Richard Eglseder*
Kamera Operator	*Peter Maiwald BVK*
1. Kameraassistentin	*Anette Haelmigk BVK*
2. Kameraassistentin	*Gaby Bzdega*
Kamerawartung	*Robert Wiesmann BVK*

Standfotos	*Karl Heinz Vogelmann*
Oberbeleuchter	*Edi Saller*
Bühnenmeister	*Anton Egerer*
Baubühne	*Slavko Nikolic*
Tonassistent	*Norbert Lill*
Maske	*Hedy Pollack*
	Horst Kirchberger
	Eddy Erfmann
	Heiner Niehaus
	Brigitta Ansary
Kostümassistent	*Reinhard Hellmann*
Garderobe	*Katharina Litzinger*
Garderobe Assistenten	*Gaby Klimek*
	Bernhard Kleber
1. Spezialeffekte Techniker	*Nell Swan*
	Helmut Klee
	John Gant
	Guy Hudson
1. Spezialeffekte Ingenieure	*Ken Herd*
	Steve Cullane
	Paul Knowles
1. Modellbauer	*Martin Gant*
Assistentin von Brian Johnson	*Twyla Weixl*

2. TEAM

Regieassistenten	*Michael Waldleitner*
	Marcia Gay
Koordination Skript	*Kristina Brandner*
	Sharron Gold
1. Kameraassistent	*Werner Deml BVK*
2. Kameraassistent	*Dieter König*
Beleuchter	*Eduard Kagermeier*
Bühnenmeister	*Gerhard Neumeier*
Bühne	*Achim Wagner*

TRICKTANK TEAM

Kamera	*Jair Ganor BVK*
1. Kameraassistent	*Moshe Asher*

2. Kameraassistent	*Frank Heinig*
Assistenten	*Robert Hottarek*
	Martin Landwehr

MOTION CONTROL TEAM

Beratung Computer	*Nick Pollock*
Beratung optische Effekte	*Dennis C. Bartlett*
Kamera Operators	*David Adams*
	Mark Gardiner
	Peter Tyler
Animator	*Steve Archer*
Modellbauer	*Bob Ballan*
Kamera optische Effekte	*Keith Holland*
Ingenieur	*Tony Fox*
Beleuchter	*Rick Barham*
Assistent	*Rashid Kahres*

OPTISCHE EFFEKTE UND MATTE PAINTINGS

Kopierung optische Effekte	*Don Clark*
	John Ellis
Line-up Techniker	*Dave Berry*
	Ralph Gordon
	Peg Hunter
	Ed Jones
	Tom Rosseter
Processing Techniker	*Tim Geideman*
	Duncan Myers
Matte Painters	*Jim Danforth*
	Chris Evans
	Caroleen Green
	Frank Ordaz
Kamera Matte Paintings	*Craig Barron*
Kamera Assistent Matte Paintings	*Dave Fincher*
	Deborah Morgan

Schnitt	*Howard Stein*
Schnittassistent	*Michael Moore*
Koordination	*Patricia Blau*
Ingenieure Spezial Effekte	*Ernst Geschwind*
	Kevin Herd
	Josef Schmid
Techniker Spezial Effekte	*Alan Poole*
Koordination elektronische Spezial Effekte	*Ulrich Fickel*
Ingenieur Design elektonische Spezial Effekte	*Wolfgang Lemp*
Ingenieur elektronische Spezial Effekte	*Bodo Marquad*
Assistent Spezial Effekte Techniker	*Chris Gant*
	Hugo Reveley
Koordination Animation Phantasiefiguren	*Maia Grassinger*
Maske und Skulpteurin Miniaturen	*Dorothy Dealtry*
Skulpteure	*Jan Valach*
	Vladimir Valach
Skulpteure Spezial Effekte	*Vincent R. Rotter*
	Avril Vellacott
Maler Spezial Effekte	*Richard Watkinson*
	Robin Beers
Stukkateur	*Antonio Paramo*
Stukkateur Assistenten	*Fritz Segl*
	Karl Weinert
	Carlos Rojo del Rey
	Michael Rotter
Latex Spezialistin	*Maria Pino*
Laborassistentin Maske Spezial Effekte	*Georg Bestle*
	Otto Fraunhoffer
Ingenieure Animatronics	*Bo Keen*
	Jez Harris
	Nigel Trevessey

Modellbauer Animatronics	*Francis Coates*
Kostüme Fantasiefiguren	*Jörg Trees*
Kostümassistenten Phantasiefiguren	*Uta Trinks*
	Gwendolin Hallhuber
	Sebastian Bulst
	Hasan Dogan
Schnittassistenten	*Carola Mai*
	Claudia Remak
	Christiane Jahn
	Gordon Steinforth
	Marie Luise Beutner
Negativ Schnitt	*Marlies Richter*
Archiv	*Christoph Hof*
Assistent Video	*Albert Frische*
Schnittassistenten Ton	*Angelika Gruber*
	Evelyn Lukas
	Brigitte Platzer
Assistentin Dialogschnitt	*Nicolette Toth*
	Anja von Rüxleben
Schnittassistentin Geräusche	*Angela Picker*
Geräusche	*Hans Kramsky*
	Mel Kutbay
Koordination Stunts	*Tony Smart*
Assistenten	*Les Mayron*
	Martin Mayron
Stunts	*Bobby Porter*
	Mario Behr
Pferdepflegerin	*Gaby Richter*
Produktionssekretärinnen	*Ilse Schwarzwald*
	Renate Berger
Filmgeschäftsführung	*Sigi Steiner*
	Duncan Steward
Produktionsfahrer	*Raoul Leindecker*
	Philip Remy
	Sepp Danzer
	Petra Lex

	Josef Hainer
	Norbert Noll
Einkäufer Spezial Effekte	*Peter Dürst*
	Karl Heinz Ganzer
	Peter Rotter

AUSSENDREH

Produktionsleiter	*Harold Tichenor*
	Jose Maria Ramos
1. Regieassistent	*Gordon Mark*
Aufnahmeleitung	*Mary Eilts*
	Lothar Ciachowski

Eine Produktion der NCF in Zusammenarbeit mit Bavaria Atelier und dem WOK

Luftaufnahmen	*Clay Lacy Aviation*
	Apogee Inc.
	Continental Camera Systems, Steven J. Wright
Motion Control Equipment	*Arkadon (London)*
Vistavison Camera Equipment	*Visa GmbH (München)*
Kameras	*Arnold & Richter (München)*
Anamorphic Linsen	*Technovision (London-Rom)*
Gedreht auf	*Eastman Color*
	Bavaria Kopierwerk

Original Filmmusik komponiert, arrangiert und produziert von Klaus Doldinger.
Erhältlich auf WEA-Schallplatten und -Musikkassetten.

Gedreht in den Bavaria Studios, Geiselgasteig